この1冊ですべてわかる

営業の基本

The Basics of Sales

横山信弘
Yokoyama Nobuhiro

日本実業出版社

はじめに

「業を営む」と書いて、「営業」と呼びます。「業」とは、事業のことです。そして事業は、お客様があって、はじめて成り立つものです。

企業活動において、営業は、お客様との接点を持つ重要な職種です。にもかかわらず、営業の世界には、体系的に整理された学問や理論が存在しません。大学で「経営」「経済」「マーケティング」を専攻することはあっても、「営業」を専門的に学ぶ機会はありません。

「営業」について多くの専門家が専門科目として体系化を進めようとしていますが、未だに実現できていないのが現状です。したがって、私が「現場に入って目標を絶対達成させる営業コンサルタント」の立場から、客観的かつプロの視点で「営業」という仕事の特性をひも解き、体系的な整理を試みたいと思ったのが、本書の執筆の動機です。

意外と多い営業の人口

まず、営業・販売職に就く人が、日本にはどれくらいの数、存在するのか、ご存知でしょうか。厚生労働省は、「職業安定法第15条」の規定にもとづいて、職業紹介業務に共通して使用する職業分類を定めています。

この職業分類によると、日本の全就業者6530万人のなかで販売職従事者（営業パーソン）は、862万人（13.2%）にのぼるといわれています（※参照：2017年の労働力調査／総務省）。

一部、「ITの躍進による直接購入の増加」などの理由で、営業パーソンは減少傾向にあるという報道もありますが、営業はあらゆる業種にまたがっているため、どの職種よりも人口比率は依然として高くなっています。

営業に対する先入観

一方で営業は、人口の割合（就業者の数）と比較して、基礎教育が体系化されていない、極めて稀な職種という側面も持っています。営業における技術体系が整理されていないこともあるためか、営業という職種に対する評価が次のように低く見積もられていたり、軽視されたり、間違った認

識をされたりしていることも少なくありません。

- **商品を売り込む仕事である**
- **十分な知識やトレーニングがなくてもできる**
- **足で稼ぐ体育会系の仕事である**
- **お客様にひたすら頭を下げなければならない、つらい仕事だ**

　データを活用して戦略を練り、そのような武器を手にして洗練された営業活動をしている組織がある一方で、未だに「営業は泥臭いもの」と印象を抱く人がいます。

　また、経理、人事、総務、広報など、本社のバックオフィス業務、あるいは、マーケティング、商品企画などの業務に比べると、「営業は専門性が低い」「高度な知識を必要としない」と受け止められることもあります。

　では、これから社会に出る学生は、営業職をどのように見ているのでしょうか。『マイナビ学生の窓口』が、大学生男女399人を対象に「営業にどのようなイメージを持っているか」について、アンケートを実施しています（※実施：2016年3月9日〜2016年3月15日）。

　「営業をやりたいですか？　それともやりたくないですか？」という質問に対して、次のような結果が出ています。

- **やりたくない……88.3%**
- **やりたい……11.6%**

「ノルマを意識しなければいけないのが精神的にキツイ」「契約をとるために嫌いな相手にも愛想を振りまくなんてできない」「知らない人とコミュニケーションをとるのが苦手」など、約9割の大学生が「営業＝厳しくストレスのたまる仕事」と受け止めていることがわかります。大学生がこうした先入観（偏見）を抱いているのは、やはり大学の経営学部にも、商学部にも、経済学部にも、「営業」を体系的に教える科目、教科が存在し

ないことが一因ではないでしょうか。

　こうしたマイナスの先入観が強くなるのは、営業という職種をよく知らないからです。たとえば、私は青年海外協力隊に参加していたことがあります。赴任するのは発展途上国がほとんどなので、現地の方々は日本のことをよく知りません。私は、仕事で会う人会う人から「お前はカラテカ（空手家）か」「ブルース・リーは友だちか」とよく聞かれました。

　「営業」と聞くと、未だに多くの人が「強引に商品を売りつける人」「ノルマが厳しい仕事」とイメージしますが、この感覚は「日本人＝カラテカ」と想像する人たちの思考と似ています。「最近の日本では、空手よりもサッカーの人気が高い」というと、中南米の方々は大変驚きます。営業を知らない人に、「強引に商品を売りつけるような、そんなアグレッシブな営業は最近めったにいない」というと驚かれるのと同じ感覚なのかもしれません。

営業は誰でもできるのか

　また、多くの経営者、そして、多くのビジネスパーソンが、「営業は誰にでもできる仕事」だという思い違いをしています。たしかに、営業の仕事をするのに特別な学校を卒業していなくても、特別な資格も必要ありません。だから営業パーソンになろうと思えば、誰でもすぐになれますが、誰もが「なれる」からといって、誰にでも「できる」わけではありません。

　営業パーソンとして成果を上げ続けるには――つまり、営業の仕事が「できる」ようになるには、営業という仕事の本質を理解したうえで、トレーニングを重ね、知力を発揮する必要があるのです。

　営業はある側面においてスポーツと似ています。継続的な鍛錬が求められますが、どの職種よりもめざすべき目標が明確なので、それを達成したときに望外な幸せを得られます。また、裏方というよりは企業のフロントラインで活躍するプレイヤーとも呼べるので、スポーツの世界と同様に、ドラマティックな人間模様を日々垣間見ることになります。お客様にもっ

とも近いところで仕事をするため、日々気苦労が絶えない分、喜びも大きく感じられる職種です。

人生を豊かにする2つの能力

　営業は仕事を通じて、人生を豊かにする、「2つの大切な能力」を身につけさせてくれることも知っておいてください。

　ひとつは、「コミュニケーション力」です。営業として仕事をするうえでは、「人間関係を良好にして、相手と関係を構築する能力」がとても大切です。仕事を通して磨いたコミュニケーション力は、「営業」という範疇にとどまらず、そのあとにどんな職種に就いても、どんな企業で働こうとも、どんなコミュニティに属しても、必ず必要となります。なぜなら私たちは、社会と、他者と、かかわらずに生きていくことはできないからです。

　そしてもうひとつの能力が「創造力」です。営業はクリエイティブな仕事だと私は受け止めています。なぜなら、「決められた期限のなかで、決められた目標数字を達成したかどうかは、個人の実力次第」で、それによって営業の評価は決まるからです。会社や業界によって、扱っている商品や決められた目標数字も違いますが、「期限、時間という概念はすべて平等」です。問われるのは、「目標を達成したか、しなかったか」なので、誰が見ても客観的な評価ができるのです。だからこそ、創造力の差によって、結果が大きく変わるクリエイティブな職種といえるのです。

　それでも、結果さえ出せば、過去の名声や地位など関係なく認められる、夢のある世界ともいえます。外部環境の変化に晒されながら、多様な思考・価値観を持つお客様と交渉し、数字を積み上げて目標を達成する……一般的な職種のなかにおいて、これほどクリエイティブな仕事は他にないと私は思っています。

　営業ほど、専門性が高く、知的な仕事はありません。
　営業ほど、努力が結果に結びつく仕事はありません。

営業ほど、人生を豊かにする仕事はありません。

だからこそ、本書を通じて、まず「営業の基本」を学んでほしいのです。

※本書では、まず営業の定義、分類に頁を割いています。定義を頭に入れたうえで読み進めると理解が早いため、冒頭から読んでいただけたらうれしいです。もし営業のやり方、管理、仕組みをまず知りたいのであれば、関心があるところから辞書的に読んでいただく形でもかまいません。

アタックス・セールス・アソシエイツ代表　横山信弘

営業の基本 ◉ もくじ

はじめに

第1章　そもそも営業とは何か

1-1 営業の定義　14
お客様の利益を支援し、正当な対価をいただく仕事

1-2 企業における営業の役割と重要性　16
営業とは、企業への信頼関係を補完するもの

1-3 時代の変化と営業の問題点　21
ITツールの導入によって、多岐的に増えた営業の業務

1-4 マーケティングの進化と営業の関係　24
マーケティングの機能が進化しても、「営業はなくならない」

1-5 ＡＩの導入が営業に与えること　27
営業は進化するＡＩに置き換えられるのか

第2章　営業の分類

2-1 営業と販売の違い　32
営業と販売では、求められる仕事内容が異なる

2-2 販促と営業の正しい関係　36
本部と営業パーソンは「連携」しながら売り伸ばす

2-3 「BtoB営業」と「BtoC営業」 **38**

「BtoB営業」は組織で戦う

2-4 「ルート型セールス」と「案件型セールス」 **44**

2つのセールス方法の組み合わせが決め手

2-5 「待ちの営業」と「攻めの営業」 **50**

「引き合い対応」に依存すると営業力が落ちる

2-6 提案営業とは何か **53**

お客様が期待する利益のレベルに合わせて、アイデアを提供する

2-7 ソリューション営業、コンサルティング営業とは何か **55**

お客様の課題を把握し、その解決策を提示する

2-8 フルコミッション営業のメリット・デメリット **59**

報酬が大きい分、リスクも大きい

第**3**章　営業のプロセス

3-1 営業活動のファーストステップ **62**

はじめてお客様と接触するときに注意すべきこと

3-2 「AIDMA」「AISAS」「SIPS」 **67**

消費者の購買行動プロセスを理解する

3-3 訪問の準備作業 **71**

「営業は準備がすべて」といっていいほど大切なプロセス

3-4 商談プロセスと提案書のつくり方 **74**

ソリューション営業、コンサルティング営業の勘所

3-5 組織力を使った商談の進め方 **83**

組織の力を活用して、膠着状態を打開する

3-6 受注後のフォロー　85

アフターフォローでファン化を促す

第4章　営業のスキル

4-1 第1印象、第2印象、第3印象　88

第1印象と第2印象よりも、第3印象をよくする

4-2 言語コミュニケーションと非言語コミュニケーション　91

シチュエーションに応じて3つの「表情」を使い分ける

4-3 営業パーソンの服装　94

服装はお客様目線で選ぶ

4-4 営業パーソンの「雑談スキル」　96

人間関係を構築するうえで不可欠なスキル

4-5 お客様を紹介してもらうスキル　103

もっとも効率のいい新規顧客の開拓は「紹介」

4-6 営業パーソンの正しい「聞き方」　108

プロセスに合ったコミュニケーションを習得する

4-7 クロージングのテクニック　112

クロージングの技術が上がらないかぎり、営業成績は伸びない

4-8 行動力は大切なスキル　119

「質より量」の段階がある

4-9 営業成績と営業スキルの意外な関係　121

スキルを上げても、営業成績は上がらない

第5章 営業の販促ツール

5-1 販促ツールを使うときの注意点 124

「現物」「ホームページ」「チラシ」などを組み合わせる

5-2 ４大広告との連動性 128

メディアへの露出を販促に役立てる

5-3 お問合わせを増やすテクニック 131

「インパクトのあるものを、シンプルに」発信する

5-4 メーカーと代理店との関係 136

メーカーは代理店、小売店、エンドユーザーと関係を維持する

5-5 販促イベントを取り入れる 138

イベントの企画は会社任せにしない

第6章 営業の戦略

6-1 マーケティングと営業の違い 144

マーケティングは「戦略」を、営業は「戦術」を考える

6-2 営業戦略はプロダクトアウト 149

営業プロセスにおいては「プロダクトアウト」が正しい

6-3 顧客戦略よりも優先すべきエリア戦略 151

移動エリアと移動ルールを管理して、接触回数を増やす

6-4 値引きを要求されないプライス戦略 155

営業パーソンは基本的に値引きをしてはいけない

6-5 WEB戦略との連動 159

WEB戦略で大切なのは、リアルな営業との連動

第7章 営業のマネジメント

7-1 「発生型の目標」と「設定型の目標」 162
発生型の目標は「マスト」、設定型の目標は「ウォンツ」

7-2 結果主義とプロセス主義 165
結果を出せるようになってから、プロセスを考える

7-3 気合いと根性のマネジメント 168
「気合いと根性」は、結果を出すための前提条件である

7-4 営業のPDCAサイクル 170
PDCAサイクルがまわらないのは、「P」に問題がある

7-5 営業会議の進め方 174
営業会議の9割は削減できる

7-6 予材管理とは 178
「最低でも営業目標を達成」する営業マネジメント手法

第8章 営業の生産性

8-1 「営業生産性」の意味 184
生産性を高める正しい手順を理解する

8-2 営業のタイムマネジメント（時間管理） 187
「時間単位」ではなく「成果単位」で考える

8-3 営業パーソンの時間割 192
1日の時間割はお客様との接触可能時間帯から決める

8-4 メールとの向き合い方 194
「メールを受信したらすぐに返信する」のは間違い

8-5 営業アシスタントとの役割分担　197

人を増やしただけでは、生産性は上がらない

8-6 インサイドセールスの可能性　201

電話やメールだけで営業する内勤型セールス

第❾章　営業の支援システム

9-1 営業支援システムが必要な理由　206

組織全体で営業目標を達成する

9-2 基幹システムとしてのSFA　210

なぜERPではなく、SFAが基幹システムなのか

9-3 SFAの問題点　212

なぜ、SFAは定着しないのか？

9-4 営業支援システムの内製化の是非　216

営業支援システムは自作してはいけない

9-5 SFA導入後の運用　217

SFAベンダーによって、運用実績が左右されやすい

9-6 SFAを導入してもいい組織　220

単純に記録をするだけなら、導入しないほうがいい

9-7 SFA導入後の会議のやり方　221

プロジェクターなどでSFAのレポートを映し出して会議すべき

第10章　営業の適性

10-1 営業職の特殊性　224
営業職は、入社時点の専門性を問わない職種である

10-2 営業には適性があるのか　226
営業成績は学校成績とあまり関係がない

10-3 営業職の採用　229
営業をスペックで判断するのは難しい

10-4 転職コンサルタントの活用　234
消去法で人を採用してはいけない

10-5 面接で掘り下げること　235
面接では、過去の実績について掘り下げる

10-6 転職活動のしかた　241
企業のニーズを踏まえたうえで、自分の持ち味を伝える

おわりに　244

本文DTP／一企画

そもそも営業とは何か

1-1 営業の定義

お客様の利益を支援し、正当な対価をいただく仕事

営業は、お客様との接点を持つ重要職種

　営業職に従事するにあたって、まず営業の理論や基本を学ぶことで、成果につながると私は考えています。そのためには前提として、「営業とは何をする仕事か」という「営業の定義」を明確化しておく必要があります。定義をしっかりと理解していなければ、営業という行為そのものが曖昧になり、効率性を欠いて、思うような成果につながらないからです。
　私は、営業を次のように定義しています。

【営業の定義】

　……営業とは、「お客様」の「利益」を支援し、その「正当な対価」をいただく仕事のこと。営業という仕事は、「①お客様」「②利益」「③正当な対価」の3つの要素に分解できる。

①お客様

　対象者（＝お客様）は、営業パーソンが提供する価値（商品、サービスなど）を評価し、「正当な対価」を支払ってくれる人となります。
　営業パーソンは、自社で扱う商品・サービスを「欲している人」は誰かを考えなければなりません。すべての消費者がお客様になりうるわけではなく、たとえば、輸入車を扱う自動車ディーラーであれば、お客様は「輸入車の購入を検討している人」です。「輸入車の購入を考えていない人（国産車の購入しか考えていない人）」は、基本的に対象外です。

②利益

利益とは、お客様が「求めているもの」「得たいと思っている結果」です。お客様の利益には「レベル感」があります。営業パーソンは、お客様のレベルに合わせて、提案のしかたを変えなければなりません。

たとえば、「車がほしい」という方がいたとき、「どんな車がほしいのか」には、レベル感があります。「高級輸入車がほしい人」と「国産軽自動車がほしい人」では、レベル感は違います。営業パーソンは、「自分が売りたい商品・サービス」を提案するのではなく、お客様が求める利益のレベルに見合った提案をするのが仕事です。

営業パーソンは、自社の商品やサービスを売り込む存在ではありません。お客様の課題を引き出し、それを解決するための方法を一緒に考えるパートナーです。営業で大事なことは、「お客様の利益」を探って、購買行動を起こさせることです。そのためには、営業として信頼されるには、お客様のニーズや課題を引き出し、それを解決することで得られるメリット（＝相手が得られる利益）を相手に明確に伝える必要があります。

③正当な対価

正当な対価とは、提供する価値に対する「適切な報酬」のことです。営業活動では、シェア確保やノルマ達成のために、安易な値引きをすることがあります。しかし「正当な対価」を受けとらなければ、会社に残るはずの利益（粗利益）がこぼれ落ちてしまいます。提案から納品、報酬（正当な対価）の受けとりまでが営業の仕事です。

営業活動を的確に、明確に行なうためには、「お客様とは誰か」「利益とは何か」「正当な対価とは何か（対価を正しく回収できているか）」を知ることが大切です。一般的に、営業活動とは、「お客様を説得したり、お客様と交渉したりすること」、つまり「売り込むこと」だと思われがちです。しかし、営業活動でもっとも重要なのは、「お客様を探し出し、そのお客様の『利益』（何を求めているのか、どのような課題を解決したいと思っているのか）を見つけ出すプロセス」なのです。

1-2 企業における営業の役割と重要性

営業とは、企業への信頼関係を補完するもの

企業との信頼関係を補完する

営業とは、「企業への信頼関係を補完するもの」でなければなりません。

消費行動において、お客様は、「企業」や「商品・サービス」に対し、信頼を向けています。たとえば、「Apple信者（Apple社製品を優れたものと評価し愛用する人）」と呼ばれている人たちの多くは、「iPhone」などのApple社製品が好きなのであって、Apple Storeのスタッフ（営業）が好きなのではありません。スタッフが誰であっても（Apple社製品を売る人が誰であっても）、「iPhone」が購入できれば、「利益を得た」ことになります。「iPhone」と競合メーカーのスマートフォンの性能が甲乙つけがたく、購買の決定打が見つからないときに、「販売スタッフの質で選ぶ」こともあるでしょうが、基本的には「企業への信頼＝商品・サービスへの信頼」と置き換えることができます。

しかし、企業への信頼度合いは時代によって移り変わります。たとえば、信頼が落ちてきたり、商品が魅力的でなくなってきたり、メインのお客様が高齢化したり——などがその理由です。

企業ブランドや商品の魅力を一定に保つための企業努力は、当然続けていかなければなりません。しかし何十年と企業活動をしていれば、外部環境の変化によって、多少なりとも興隆と没落を経験するものです。

たとえ一時的にブランド力が薄れても、企業と市場を直接つなぐ営業パーソンがそれを補います。企業や商品で差別化できなければ、営業力で補う選択ができます。総じて、差別化が難しい商品を扱っている企業ほど営業力が高くなる傾向があるのは、企業、商品、営業の３つの要素で力のバランスをとっているからです。

伝達役としての営業パーソン

かつての営業パーソンは、お客様から「情報の伝達役（商品伝達者）」を求められていました。たとえば、自動車メーカーの営業パーソンであれば、「ラインアップが新しくなりました」といって、最新のカタログをお届けすれば、それだけでお客様に喜ばれたわけです。

しかし高度情報化時代において、営業パーソンの情報提供機能は、ほぼ価値がなくなっています。インターネットの普及により、お客様は最新情報をたやすく入手できるようになったからです。

新車の購入を検討しているお客様は、ディーラーに実車を見に行く前に、その会社のホームページからPDFのカタログをダウンロードして、スペックに目をとおすことができます。口コミサイトも充実しているので、検討車種のメリットとデメリットを、購入者の声を参考に確認しておくことも可能です。

営業パーソンと接する前に、すでに商品・サービスに関する十分な情報を持っていることが多いわけです。したがって、「カタログにはこう書いてあります」としか説明できなかったり、マニュアル的な対応しかできなかったりする営業パーソンは、お客様と正しい関係構築をすることはできません。お客様が「自ら入手できる情報の伝達役」を必要としていないからです。

営業パーソンに必要なお客様視点

営業パーソンに求められるのは、「お客様視点」を持つことです。

お客様視点には、「お客様が本当に求めている利益は何か」という「ニーズ」としての意味合いだけでなく、「このお客様に、この商品を提案するためにはどうすればいいか」という戦略的な意味合いも含まれています。

その商品やサービスをお客様が手に入れることによって、お客様に「どういった生活が手に入るのか」「どのように業務が効率化され、企業の生産性が上がるのか」などをイメージさせるのが、営業に求められる役割で

す。「誰に対しても同じような売り方をすればいい」のであれば、営業をするのが人間である必要はなく、AI（人工知能）を搭載したロボットでいいのです。

　薬局を例にしてみましょう。あるとき「お腹が痛い」と訴えるお客様が来店しました。その際、薬剤師はただ腹痛に効く薬をわたすだけではなく、「どうしてお腹が痛いのか」「暴食したのだろうか」「何らかのウイルスに感染したのだろうか」「ストレスを溜めているかもしれない」「何かで強く打ったのかもしれない」といったところまで考えてから状況質問をし、症状に合った薬を提案する必要がありますが、営業も同じです。
　最初に定義したように、営業はお客様の利益を支援しなければなりません。したがって、これからの営業パーソンは、次のようなことを、お客様のレベル感に合わせて常に試行錯誤する必要があります。

求められるのは「お客様視点」

提案する商品やサービスをお客様が手に入れることによって、
「どういった生活が手に入るのか」
「どのように業務が効率化され、企業の生産性が上がるのか」を
イメージさせる

「このお客様には、どのような話をしたらいいか？」
「どういう提案をすれば、お客様の心を動かすことができるか」
「どのように説明をすれば、この商品の有用性を理解していただけるか？」
を、お客様のレベル感に合わせて常に試行錯誤する

・正しい付加価値（課題の早期発見と課題に即した解決策）を提供する存在
・単なる「情報の伝達役」では、AIに置換されていく

「このお客様には、どのような話をしたらいいか？」

「どういう提案をすれば、お客様の心を動かすことができるか」

「どのように説明をすれば、この商品の有用性を理解していただけるか？」という企業への信頼関係を補完するために、営業パーソンがやるべきことは、情報を提供することではありません。正しい付加価値（課題の早期発見と、課題に即した解決策）を提供することです。そして、自社とお客様との関係性を構築することです。「情報の伝達役」としての営業パーソンは、今後、間違いなくインターネットやAIに置換されていきます。

営業の仕事が不況に強い理由

一般的に優秀なビジネスパーソンは「仕事ができる人」だととらえられがちです。しかし世の中には、「仕事ができる人」と「仕事をとってくるのがうまい人」の２種類があるととらえた場合、果たしてどうでしょうか。目の前の仕事がなくなってしまったら、どんなに「できる人」でも、やる仕事がありません。たとえば、塾講師としてとても優秀な人でも、教える子どもが塾に来なければ、力を発揮できません。

営業というのは、仕事をとってくるのが仕事です。常に仕事があるという状態が前提で物事を考える人は、営業の価値を正当に理解できません。そのような人が独立して会社を起ち上げたとき、最初にぶつかる壁が「営業」です。どんなに「できる人」でも、自然と仕事は集まってこないからです。

リーマン・ショック（※2008年９月15日に、アメリカの投資銀行であるリーマン・ブラザーズ・ホールディングスが経営破綻したことに端を発して、連鎖的に世界規模の金融危機が発生した）によって、日本の製造業の多くが、競争力を失いました。

当社アタックス・セールス・アソシエイツが本社を置く愛知県の産業構造は、製造業の比重が際立って大きいのが特徴です。自動車産業をはじめとして、鉄鋼・繊維・陶磁器・石油化学・プラスチックなど、さまざまな製造業が幅広く集積しているため、リーマン・ショック後の景気の下降局

面では、全国以上に輸出の伸びが落ち込みました。基幹産業である自動車産業が強い逆風にさらされ、深刻な経済不振に見舞われたのです。工場の一時操業停止や生産調整がはじまると、製造部門の就業者は、大きな影響を受けます。

しかし私は、不況下においても、「営業部門の就業者（営業パーソン）」の仕事は、絶対になくならない」と確信しています。なぜなら、営業の仕事の第一義は「売ること」ではなくて、自社と取引先の（自分と取引先担当者）の「関係性を構築する」ことだからです。

企業における営業の役割は、「仕事をつくる」ことです。仕事をつくるとは、前述したように「お客様から仕事をとってくる」ことです。仕事をとってくるためには、日頃からお客様とコミュニケーションをとって、関係性を構築する必要があります。だからこそ、自社と取引先の架け橋となる営業パーソンは重要なのです。

時代の変化と営業の問題点

ITツールの導入によって、多岐的に増えた営業の業務

ITツールは諸刃の剣

　近年、生産性の向上と労働時間の短縮のため、多くの企業がITツールを積極的に導入しています。たしかに、ITツールは生産性向上の一翼を担います。しかし、使い方を間違えると、かえって生産性を落とす諸刃の剣であることも十分に知っておく必要があります。

　優れたITツールを導入しても、情報の入力作業に時間をとられたり、使うこと自体が目的になったりしてしまうと、効率化とは真逆の方向へ進んでしまいます。営業活動は、お客様との「対面」が基本なので、メール処理に午前中いっぱいを費やしたり、プレゼン資料の装飾に時間をかけたりするなど、パソコンにかじりついて1日の大半をすごしていては、「仕事をつくる（仕事を持ってくる）」ことも、「企業とお客様の信頼関係を構築・補完する」こともできません。

　ITツールが営業の現場に導入されるようになったのは、1990年代半ば以降です。2000年ごろには、営業パーソンの1人に1台パソコンが割り当てられるようになり、営業の業務のあり方が大きく変わりました。

　パソコンの導入は、ビジネス環境を変えた転換点です。メールの送受信、プレゼンテーション資料や提案書、見積書の作成、管理システムへの情報入力など、パソコンの導入によって「営業の業務が多岐的に増えた」ことは間違いありません。

　しかし、私はこれまで、営業現場におけるIT利用の失敗事例をたくさん見てきました。あるコンサルティング先の社長から、「営業サイドから、タブレットを導入してほしいという要望が出ています。横山さんはどう思いますか」と相談を受けたことがあります。営業サイドの言い分は、こう

です。

「タブレットがあれば、厚くて重い製品カタログを持ち運ばなくてもすみますし、アイテムをすぐ検索できるので便利です。クラウド上に製品の情報を置いておけば、お客様の要望に沿った製品を即座に見せることもできます」

たしかに、この会社の製品群は多岐にわたるため、「クラウド上に製品の情報を置いておきたい」という主張も理解できます。ですが、紙のカタログを置き換えることが目的なら、「製品カタログの閲覧とプレゼンができるデバイス」があればいいのであって、タブレットを導入する必要はありません。しかし、営業サイドはタブレットの導入にこだわりました。

私は彼らの様子から、営業サイドの「本心」を見抜いていました。彼らが、「社外でメールをチェックできたほうがいい。プレゼン専用端末だったらそれができない」「インターネットの閲覧ができないと不便だ」「動画や音楽再生ができれば、プレゼンにも効果的だ」といって引き下がらなかったのは、ようするに「隠れて遊びたいから」です。

スマートフォンやタブレットは生産性の向上に貢献する一方で、業務時間内に「遊ぶ」営業パーソンが増えているのも事実です。店舗や工場、物流現場で働くビジネスパーソンと異なり、営業は移動も多く、時間的自由度がきわめて高い職種だからです。

昔は、日中に喫茶店でコーヒーを飲みながら1時間も2時間もスポーツ新聞を読んでいるビジネスパーソンがいたら、それはまず間違いなく営業がサボっている光景だといわれました。現在は、カフェでパソコンやタブレットを見ながら何かをやっているスーツ姿の人が多くいます。スポーツ新聞を読んでいると明らかにサボっているとわかりますが、パソコンの画面を見ている人は、何か重要なことをやっているように映ります。ITの普及によって、営業のサボり方も変わってきているといえるでしょう。

私は、ITツールが、営業パーソンの力量を計る試金石になると考えています。これからの時代は　ITを導入した会社が勝つのではなく、ITを「使

いこなした会社（営業パーソン）」がビジネスを制する時代です。

　ツールの進化にかかわらず、営業パーソンが考えなければならないのは、お客様視点です。それらの道具を使うことで、お客様との関係性維持や、お客様の利益に貢献できるというのであれば有用ですが、そうでないなら、ITツールに振りまわされてしまうことになります。

　ITツールの向こう側に誰がいるのかを考えて使うべきなのです。

マーケティングの進化と営業の関係

マーケティングの機能が進化しても、「営業はなくならない」

マーケティングの理想は販売を不要にすること

「経営学の父」「マネジメントの権威」と称される経営学者、ピーター・ドラッカーは、『マネジメント【エッセンシャル版】』(ダイヤモンド社)のなかで、「マーケティングの理想は販売を不要にすること」と述べています。

たしかに、モノやサービスが溢れる現代において、マーケティングの正しい知識を身につけ、それを実践していくことは、競合他社に対する大きな優位性となります。

しかし私は、どれほどマーケティングの機能が進化しても、「営業はなくならない」と考えています。

ドラッカーは、「マーケティングの理想は販売を不要にすること」と説く一方、その前文で、「何らかの販売は必要である」「真のマーケティングは顧客からスタートする」と述べています。

原文を見ると「販売」はsellingです。つまり日本語の「売り込み」「説得」に近い表現です。日本における営業活動の多くは、お客様との関係の構築であったり、商品のご案内、提案、手続きの代行などに時間が充てられています。営業活動に占める「説得」や「売り込み」の比率は、1％もないでしょう（※一般営業職の、1日の平均労働時間における営業活動の割合は平均40％程度といわれており、その他60％は営業活動と直接結びつかない間接業務、事務作業に費やされています）。

たしかに、優れたマーケティング活動に日々取り組むことで、お客様に売り込んだり、説得したりする必要はなくなるかもしれません。しかし、不要となる部分は、この箇所のみといえるでしょう。

「そもそも営業とは何か？」を考えるうえで、「そもそもマーケティングとは何か？」を考えるプロセスは密接にかかわる意義深いことなので、ここで簡潔に整理します。

マーケティングを思想から考えるうえで、1960年にアメリカのマーケティング学者、ジェローム・マッカーシーが提唱した「４P理論」に沿うとわかりやすくなります。

マッカーシーは、マーケティングミックス（マーケティング戦略の目的を達成するために、利用できるツールを組み合わせること）の構成要素を「４P」という概念であらわしています。

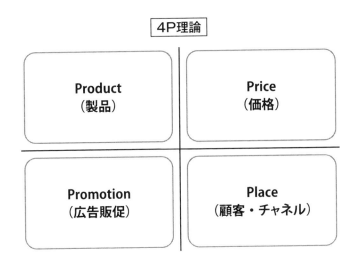

「マーケティングはプロモーション」と勘違いされがちですが、プロモーション戦略のみならず、プロダクト戦略、プライス戦略、顧客戦略（チャネル戦略）をすべて含めてマーケティングなのです。

営業で考えれば、どのお客様に対して、どの商品をどのような金額で、どういうやり方で販売していくのか、で考えればわかりやすいでしょう。第２章で「営業の分類」について解説しますが、ひとえに営業といっても、どこまでの役割を担うかによって、求められるスキルや、創意工夫しなければならない幅が変わってきます。個人のお客様をメインで営業する人

（BtoC営業）のほとんどは、プロダクトやプライス、プロモーション戦略に、あまり多くの幅がありません。保険営業でいえば、お客様に紹介する保険の商品、その価格、そして売り方（チラシやパンフレットなど）に自由度は乏しく、営業の裁量次第で変更することは簡単ではありません。

　そのため、見方を変えれば、営業は自社が提供できるプロダクトの特性に合ったお客様を探し、関係を構築し、提案して、購入してもらうことに力を注ぐことができます。

　一方、法人のお客様に対して営業する人（BtoB営業）のなかには、プロダクト、プライス、プロモーション……すべてを創意工夫しなければならない営業もいます。たとえばIT企業の営業であれば、お客様を探すことのみならず、探したお客様と関係を構築しながら、お客様の業務理解に努め、そしてどのようなシステム提案をすれば、お客様の業務改善につながるかを考えます。このとき、提案するプロダクトは最初から決まっていません。金額も決まっていないのです。したがって製品のチラシやパンフレットもないため、自らが考えた提案内容を書面に落とし、提案書としてまとめたり、プレゼンテーションして相手に理解を促したりするやり方（プロモーション的箇所）が必要となってきます。

　先述したドラッカーの言葉「マーケティングの理想は販売を不要にすること」を、営業の正しい定義を知らない人が知ると、次のように解釈されます。

　「正しいマーケティングをすれば、営業職はいらなくなる」

　このようなうがった見方をすると、「営業職が必要なのは、マーケティングがきちんとできていないからだ」という発想になってしまいます。しかし、本来は営業、マーケティング、それぞれが正しく機能していなくてはいけません。営業がどこまでの業務範囲を担い、マーケティングがどこまでの役割を任されているかは、業種や会社によってそれぞれ異なります。だからこそ、営業についても正しく定義を知ることが重要なのです。

AIの導入が営業に与えること

営業は進化するAIに置き換えられるのか

高度なコンサルティングを伴う営業・販売職は増加

　経済産業省は、2016年4月に「AIやロボットなどの技術革新をうまくとり込まなければ、2030年度には日本で働く人が15年度より735万人減る」という試算を発表しています。

　この発表では、「現状放置シナリオ」と「変革シナリオ」の2つのパターンを提示しています。たとえば、「高度なコンサルティングを伴う営業・販売職」は、変革シナリオに基づくと、2030年度までに「114万人増える」と予想しています。ビッグデータの活用によって、顧客の需要を把握したり、新しいサービスを生み出したりする技術が可能になり、これらを使いこなせる人がさらに求められる、と分析しているのです。

　一方の「現状放置シナリオ」では、ビッグデータを生かした新たな顧客サービスの創出が進まない場合、「高度なコンサルティングを伴う営業・販売職」がいまより広がることはなく、従業者数も62万人減ってしまうと予想しています。また、「スーパーのレジ係」など、低付加価値の仕事は、変革シナリオでも現状放置シナリオでも、60万人以上の減少が避けられないとしています。

AIに置き換えらえる仕事、置き換えられない仕事

　ホテルのフロントやスーパーのレジ係のように、仕事のほぼすべてが、ひとつの業務で成り立っている場合、あるいは、マニュアルどおりに情報を伝達するだけの業務（伝達役としての営業パーソン）は、AIなどの新技術によって置換される可能性があります。しかし、営業の業務は、それほど単純なものではありません。お客様から指定されたものを販売手続き

するだけが営業の業務ではないのです。

　私は以前、『AI（人工知能）に奪われるのは「業務」であり「職業」ではない』と題したYahoo!ニュースのコラム記事のなかで、次のような形で、営業の可能性に言及したことがあります。

　「複数の業務によって構成された営業のような職種のケースでは、AIやロボットがどんなに進化しても、そう簡単に置換できないでしょう。クリエイティビティ（創造性）、ホスピタリティ（おもてなし）が複雑に絡み合った職業だからです」

　ひとえに「営業」といっても、単なる商品紹介をしているわけでも、「販売」をしているわけでもありません。お客様の目となって、その人の生活をイメージできたり、その人の目線で課題に直面できるかといった想像力が求められたりします。営業という仕事を分類すると、書き出したらキリがないほど、複数の業務によって構成されていることがわかります。

　そもそも同じ「営業」でも、世の中には、いろいろな業務があります。営業が提供する価値の高低で分類し、順に紹介していきましょう。

【営業の顧客提供価値レベル】

- レベル1
  ……お客様のニーズに関係なく商品を紹介し、お客様が気に入ったら契約の手続きをする。
- レベル2
  ……お客様のニーズに合った商品を提案し、お客様が気に入ったら契約の手続きをする。
- レベル3
  ……お客様の潜在的なニーズを顕在化させ、そのニーズに合った商品を提案し、お客様が気に入ったら契約の手続きをする。

- レベル4

　……日ごろから信頼関係を築くための接触を続け、お客様が警戒心を抱かなくなってから効果効率的なヒアリングをし、潜在的なニーズを顕在化させ、そのニーズに合った商品を提案し、お客様が気に入ったら契約の手続きをする。

- レベル5

　……お客様の組織を把握し、キーパーソンを特定し、そのキーパーソンと日ごろから信頼関係を築くための接触を続け、お客様が警戒心を抱かなくなってから効果効率的なヒアリングをし、潜在的なニーズを顕在化させ、そのニーズに合った商品を社内で開発できるか議論し、然るべきタイミングで提案し、キーパーソンのみならず、決裁権のある人物を特定し、当該企業のエンジニアや経営幹部を引き連れて説明し、迷っているお客様をその気にさせ、お客様が気に入ったら契約の手続きをする。

　高度な付加価値をお客様に提供する営業職のケースでは、書き出したらキリがないほど、複数の業務を立体的に組み合わせて仕事をしています。

　とくに高度なコンサルティング営業ほど、「クリエイティビティ」や「ホスピタリティ」が求められるため、時間をかけて相手との心の距離を縮め、関係を築き、相手が「聞く耳」を持ってからヒアリングをし、潜在的なニーズを聞き出していくプロセスが不可欠です。

　比較的シンプルな手続き的業務ならともかく、これらのプロセスをAIに置き換えることは当面できないことでしょう。

みずほ銀行と日本IBMの取り組み

　みずほ銀行では、日本IBMの「IBM Watson（アイビーエム　ワトソン）」をコールセンターの支援システムに活用しています。IBM Watsonは、顧客との会話に応じ、回答候補となる情報を数秒ごとにオペレーター画面へ自動表示する、オペレーター支援システムのことです。

　以前は、オペレーターは顧客の質問に対してマニュアルを閲覧して確認、

回答していましたが、ワトソンによる自動回答候補表示により、顧客を待たせる時間が大幅に削減されました。このため、通話時間の短縮にもつながっているということです。

　IBM Watsonが行なっているのは、回答候補を表示することであり、最終判断は「人間」が行なっています。提案する商品の選択（回答候補の選定）はAIに託します。一方で人間は、AIによってもたらされた時間的余裕を使って、お客様の心に寄り添ったり、共感してあげたり、労いの言葉をかけたりするわけです。こうした「共感」や「ねぎらい」は、人間にしかできません。

　機械やAIに置換できるものは置換する。そして、人間は人間にしかできないこと（AIが苦手なこと）をやる。これからは、そういう時代が到来するということです。

　このようなことからも、営業パーソンに求められるのは、ますますお客様の心や感情を汲みとる姿勢になっていくと考えられます。

第2章

営業の分類

2-1 営業と販売の違い

営業と販売では、求められる仕事内容が異なる

営業は自分で「足を運ぶ」。販売はお客様が「足を運んでくれる」

　商品やサービスをお客様に「売る」という意味では、「営業」も「販売」も似ています。しかし、多くの会社が「営業職（営業部門）」と「販売職（販売部門）」を区別しているのは、それぞれに求められる仕事内容、仕事のやり方、必要なスキルが異なるからです。

　では、「営業」と「販売」は、どのように異なるのでしょうか。「営業」という言葉は、営利を目的とした業務全般を指すことが一般的であるように、「販売」と比較すると、より広義な意味を持っています。

　その意味も踏まえ、本書では「営業」と「販売」を次のように区別して用いています。

> ・営業
> 　……営業パーソンが、自分で足を運んで、何らかの製品・サービスをお客様に紹介し、売る行為（財産権の移転）をする職種。
> ・販売
> 　……販売スタッフが、お店に来店したお客様に、何らかの製品・サービスを紹介し、売る行為（財産権の移転）をする職種。

　営業は「営業パーソンが足を運ぶ」、販売は「お客様が足を運んでくれる」と定義すると、わかりやすいと思います。

　「営業」と「販売」をミックスしているスタイルもあります。たとえば、車のディーラー（販売）は、来店されたお客様に対応する（販売）だけでなく、関係を維持するためにお客様宅へ訪問（営業）することもあります。

新築分譲のマンション・戸建住宅の販売でも、反響営業（新聞、テレビ、ラジオ、ダイレクトメール、電話、インターネットなどを使って自社の商品やサービスを宣伝し、問合わせがあった顧客を対象に営業を行なうスタイル）と、足を運ぶ営業行為を組み合わせて行なうスタイルがあります。

一般消費財を売るスタイルでは「販売」のみのケースが多くなりますが、車や住宅など高額商品を扱うケースでは、「販売」「営業」を組み合わせるスタイルを採用する企業もあります。

いずれにしても「販売」のスタイルをとるのは「BtoC」が大半です。法人を対象とした「BtoB」の場合は、お客様が足を運んでくださる「販売」というスタイルになることはほとんどなく、「営業」のスタイルが一般的です。

購買行動の段階的なプロセス

消費者の購買行動には、段階的なプロセスがあります。消費者は、購入に至るまでに、次のプロセスを踏むと考えられています。

Attention（注意）→ Interest（関心）→ Desire（欲求）→ Memory（記憶）→Action（行動）

このプロセスを説明するモデルが「AIDMA（アイドマ）」です。AIDMAについては、第3章67ページで詳しく説明します。

「販売」のスタイルであるお客様がお店へ足を運んでくれた状態では、お客様はすでに何らかの商品やサービスに関心を寄せ、ほしいと感じている可能性があります。

たとえば「美容院」へ来店したお客様は、すでに5つ目の行動プロセス（A）にまで及んでいるケースがあるでしょう。髪を切るかどうかは決断していないが、興味があっただけで店に入るようなお客様はいません。美容院であれば、来店までにお客様がAIDMAのラストの「A」にまでたどり着いています。したがって、お客様がお店でお金を支払う確率が高いため、

店内の販売行為（クロスセル）はスムーズにできるはずです（2度目以降の決断ストレスは、最初の決断ストレスと比較して小さくなる法則があるため）。

しかし呉服店のようなお店であれば、AIDMAの「関心(I)」「欲求(D)」の段階でもお客様は来店します。展示されている着物や帯締め、反物を見るだけで、店をあとにすることもあります。

したがって販売員は、お客様がどのような商品に関心があり、いま何に悩んでいるのかをヒアリングするなどのプロセスを踏みます。お客様はすでに「関心(I)」の段階になっているので、聞く耳を持っています。ホスピタリティを意識しながら、正しい質問をすることで、お客様のニーズを特定でき、購入を促すような提案ができるようになるのです。

「営業」は売るためのプロセスに時間がかかる

お客様が足を運んでくれる「販売」のケースではなく、お客様のところへ足を運ぶ「営業」のケースではどうでしょうか。常時取引をしているお客様（法人）からの引き合いであればともかく、新規のお客様を開拓するシチュエーションであれば、AIDMAの最初のプロセスである「注意(A)」からスタートさせなければいけません。

まずお客様に、自社のこと、商品のこと、そして何よりも自分のことを知ってもらい、関係を構築するというプロセスからはじまります。どんなにお客様にメリットのある商品だと思って紹介しても、関係ができあがっていなければ、お客様は聞く耳を持ってくれません。

このプロセスが、「販売」と「営業」の最大の違いです。営業パーソン

がこのプロセスを怠ると、お客様が商品に関心を寄せる「I」の段階へは、なかなかやってこないものです。

　このように、お客様の購買プロセスという切り口で「販売」「営業」を考察すると、そのスタイルの違いが明白になります。そしてそれぞれに、求められる役割やスキルも変わることもわかります。

　以前、スポーツ用品店で働いていた優秀な販売員が、携帯電話の販売ショップに転職しても、保険代理店の販売員をしても販売成績がいいので、営業販売のプロとしてコンサルタントになったというケースがありました。ところが「販売」の支援はできても、「営業」——とくに「BtoB営業」の支援の場合は、まるで成果を出すことができなかったそうです。この方は、「販売」と「営業」とを同じようにとらえて行動したことが原因であったと、のちほど自己分析していました。

　とくにお客様が「個人」ではなく「組織」であった場合、営業活動するときに気にすべきポイントは多岐にわたります。商談のリードタイムも長きにわたることがあり、複雑化するためでしょう。

　なお、本書のタイトルは『営業の基本』のため、「販売」よりも「営業」の業務に関する項目が多いことをご承知おきください。

2-2 販促と営業の正しい関係

本部と営業パーソンは「連携」しながら売り伸ばす

本部と現場の乖離

　販促とは、広い意味では、広告活動から営業活動まで含めた販売促進に関するあらゆる活動をあらわし、狭い意味では販売活動を補足・協力してより効果的にそれらを行なうための施策のことをあらわします。企業が行なう販売促進活動は、テレビ、新聞、雑誌、ラジオ、インターネットなどのマスメディアを使った広告、折り込みチラシやダイレクトメール、イベント、店頭POPなどがあり、これら全般を含めて販促活動といいます。基本的には会社が実施することであり、営業パーソンが行なう普段の営業活動とは、常に連携していなければいけません。

　営業パーソンは、会社が実施する販促活動を踏まえながら、組織的に動くべきです。ところが多くの企業は、「個人の集合体」で営業組織をつくっています。営業パーソンと会社の連携が十分になされておらず、営業パーソンがそれぞれ独自の活動をしてしまっているのが実情です。

　私がコンサルティング支援に入ったA社（食品会社）で、次のような連携ミスがありました。営業本部が「スーパーマーケットB社における自社商品の売り伸ばし」を考え、折り込みチラシに「実演販売（デモンストレーション）」を告知したのにもかかわらず、スーパーマーケットB社を担当する営業パーソンは、「実演販売」があることを把握していませんでした。本来であれば、営業パーソンは営業本部が「実演販売」を決めた時点で、スーパーマーケットのフロア責任者と、販売スタッフ（スーパーマーケットのパート・アルバイトなど）に対して、「実演販売」を周知させる必要があります。

　フロア責任者も、販売スタッフも、A社の商品だけを扱っているわけで

36

はありません。A社の商品は、スーパーマーケットで販売する膨大な商品のなかのひとつでしかないため、営業パーソンの能動的な提案・働きかけ（場所の確保や併売する商品の選定など）がなければ、実演販売は不発に終わり、売上を伸ばすことはできないのです。

そのため、会社と現場が常に連携して情報を共有し、計画的に営業活動を行なうことが大切です。

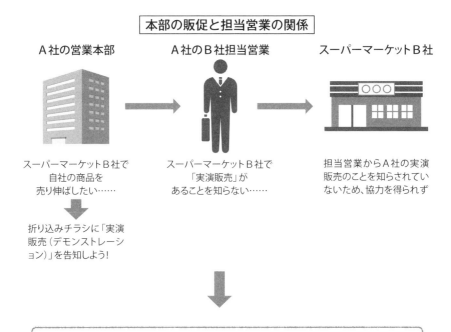

2-3 「BtoB営業」と「BtoC営業」

「BtoB営業」は組織で戦う

魔術師と呼ばれた営業

営業は、対象顧客の違いによって、「BtoB営業」と「BtoC営業」に分かれます。「B」は「Business」、「C」は「Consumer」の略です。

- BtoB……法人営業
- BtoC……個人営業

たとえば金融業界では、個人向けの事業分野を「リテール」、法人向けの事業分野を「ホールセール」と呼びます。リテールは「retail（小売り）」、ホールセールは「wholesale（卸売り）」に由来します。

私はいままでに、数々の「トップセールス」と面会をした経験があります。なかには、「営業の魔術師」と呼べる人もいました。魔術的なテクニックでお客様を惹きつけ、虜にし、驚くほどの営業成績を上げる人たちのことです。このような魔術師の多くは「BtoC営業」を得意としており、その多くが、常識にとらわれない「天才型」です。

魔術師の1人、Aさんは、卓越した成績を残す保険営業のみが入会できるMDRT（Million Dollar Round Table）会員のトップセールスです。私がAさんに、「私は営業のコンサルタントをしているので、Aさんがどのような方法で圧倒的な営業成績を残したのか、大変興味があります。ぜひお聞かせいただけませんか」とお願いをすると、彼はこう答えました。

「そういわれても、何か特別な技術やコツはありません。私にお手伝いできることがあれば、それをやるだけです。私はお客様に対して、一度も

売り込んだことはありません。誠心誠意、お客様のことを考えていると、私が何もいわなくても契約してくださいます。そして、私のことを気に入ってくださった方が、次のお客様を紹介してくださいます。新しいお客様にお目にかかっても、『何かお手伝いすることはございますか』と聞くだけです。本当にそれだけなのです」

　柔和な表情で彼は「何かお手伝いすることはございますか」と聞くだけで、「私に保険を売ってほしい」と依頼があるのですと語っていました。営業コンサルタントとして営業を研究する身である私からすると、まさに「魔術」を使っているとしかいいようがありません。

　Ａさんのように、天性の営業センスを発揮する営業パーソンは、高レベルな「無意識的有能」にあります。無意識的有能とは、理論があって実践しているのではなく、試行錯誤を繰り返しているうちに成功ノウハウを覚え、無意識のうちに習慣化している状態のことです。意識して実践していないため、どのようなことをすれば営業成績が上がるのかを言語化することが困難です。

　たとえば自転車にうまく乗るようになるには、どうすればいいか、手順を踏まえて言語化できる人はどれくらいいるでしょうか。見よう見まねでやっているうちに、うまく自転車を扱うようになった、という人がほとんどではないかと思います。意識せずとも自転車に乗れている状態を思い浮かべると、「無意識的有能」の意味も理解できると思います。それぐらい、天才型の営業は、知らないうちにお客様を魅了するテクニックを身につけてしまい、苦労することなくできるようになっているのです。

　また、「営業の魔術師」の多くは、生来の気質としてストレス耐性が強く、良くも悪くも「鈍感」です。魔術師なので、初対面の人の前でも緊張したり、萎縮したり、クヨクヨしたりすることがありません。断られても、断られても、相手が根負けするまで押しとおす強さ（鈍さ）を持ち合わせている人もいます。

　BtoC営業の世界には、このような魔術師がある一定の割合で存在します。

あまりに圧倒的な成果を出すため、メディアにもとり上げられ、書籍も出版し、講演家として引っ張りだこになるケースもあります。

　しかし、「自分がどのようにして相手の心をつかみ、どのように相手を同意させたのか」を言語化することが苦手なため、魔術師の講義は論理的なことよりも感覚的な話が多い傾向があります。つまり、行動レベルに落とし込めるようなものより、気をつけるべきマインド的な話に偏重するのです。たとえば、次のような内容になります。

　「1回や2回断られてもあきらめない。売れるまであきらめてはいけない」
　「お客様には決して嘘をついてはいけない。真実のみ伝えよ」
　「聞き役に徹しろ」
　「真心で、誠心誠意お客様と向き合えば道は開ける」

　こうした反論の余地がないような教えの数々を、営業界のカリスマから直接いわれたら、「ありがたい」と受け止めるしかありません。もしいっていることが理解できなかったら、「理解できない自分のほうが問題なのではないか」と受け止め、「大変参考になった」「やはり営業の神様がいうことは違う」とついつい口にしてしまうものです。

　後述しますが、たしかに営業にとって「マインド」は他の職種と比べても、強く意識すべき要素です。しかし気概だけで成果が出るほど、甘い仕事ではありません。

話題性と再現性

　そもそも天才というのは、何もないゼロから新しいものを創造するような人のことを指します。そのため、本を読んだり、誰かから教えてもらったりするより、自分で営業ノウハウを編み出すことが多く、しかも独自色が強いのです。このようなオリジナルなノウハウは話題性が高く、だからこそメディアにとり上げられるケースも多々あります。

　天才ではない、一般的な営業職は、日ごろの鍛錬によって身につけた技術によって勝負します。凡庸な営業パーソンにはどのように再現すればい

いかわからないノウハウでは、適正な成果を出すことができません。

　天才は、話題性のあるノウハウをつくり上げますが、凡人は再現性のある技術を絶え間ないトレーニングによって身につけるべきことを知っておきましょう。この点においても、スポーツと営業が似ている理由のひとつといえます。

BtoC営業に求められる人間力

　「BtoC営業」は、営業パーソンが決裁権者と直接交渉するケースがよくあります。住宅営業であれば施主さんと、車の営業ならハンドルを握る運転手と、直接交渉できるのです。決裁権を持ったキーパーソンへとたどり着くことがひとつの中間成果といえる「BtoB営業」に比べると、これは大きなアドバンテージです。

　営業パーソンと決裁権を持っているお客様が「1対1」の関係をつくりやすいと、営業パーソンの「人間力（個人の経験、センス、資質、人柄など）」を発揮する余地が高くなります。だから、魔術も使えるのです。

　「あの営業マンはいい人だし、あの人があそこまでいうのなら、契約し

てもいいか」と、条件が最良ではなくてもお客様個人の好き嫌いで契約が決まることがあります。

このように、「BtoC営業」の場合は、営業パーソンの「人間力」が発揮されやすいため、服装などの身なりを整え、言葉遣いや振る舞いに気を配る営業パーソンは多くいます。

自己啓発系の書籍を読んだり、セミナーに通ったりする営業パーソンも多くいます。対人間相手の職種なので心理学、行動経済学などを学び、人間の意識変容につながる技術を身につけることは、一定の効果が見込めます。

「BtoB営業」は組織対組織

翻って「BtoB営業」の場合は、魔術がききにくいため、天才型の営業パーソンが誕生しにくい世界といえます。いくら営業パーソンの人間力、共感力、感性が優れていたとしても、それだけで契約をとることは難しいからです。

企業には役職による階層があり、営業パーソンと決裁権者が「1対1」の関係をつくれるとはかぎらないし、たとえ決裁権を持っている人が個人的好みで意思決定をしようとしても、独裁的な経営者でないかぎり、組織内で合意形成をとることは困難です。金額が大きければ大きいほど、個人の意向は重要視されなくなります。

お客様がより論理的な意思決定をしがちなのが、BtoB営業の特徴です。BtoC営業のケースと違って、お客様の登場人物が多いため、それだけ商談のリードタイムは長くなります。その商品の重要性が高いほど、あるいは価格が高くなるほど、意思決定にかかわる人数は増加します。また、登場する全員が「同じ問題意識」を持っているわけではなく、人によって温度差があるため、合意を得るまでに時間が必要です。

もちろん、BtoB営業でも、営業パーソンの人間性は求められます。しかし仮に、ふだん接触する担当者と人間的な相性が良好だからといって、決裁権者とも相性が合うわけではありません。担当者よりも職責上位の部

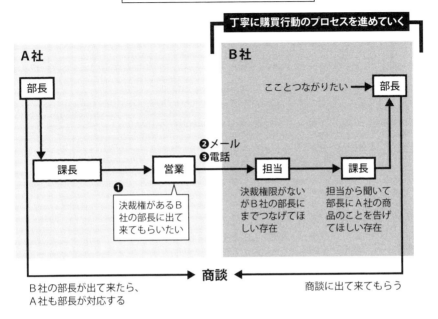

長、本部長、執行役員、社長の決裁が必要な場合は、時間をかけて、丁寧に購買行動のプロセスを進めていく必要があります。「誰が、どのプロセスの、どの立場にいるのか」、購買プロセスに関与する人たちの役割を理解したうえで、営業活動をする必要があるのです。

　BtoB営業で「組織」を相手にするのなら、こちらも「組織」で対応すべきです。相手が部長なら、こちらも部長を出す。相手が社長なら、こちらも社長を出す。魔術師よりも必要なのは、先方と同じ役職を持つ上長です。

　組織対組織の場合、相手との政治的な駆け引きが必要な局面があります。自分に駆け引きをする力がない場合（役職が低い場合）は、上司と連携して、「上司を自分の駒として使う」くらいのしたたかさが必要です。

2-4 「ルート型セールス」と「案件型セールス」

2つのセールス方法の組み合わせが決め手

「ルート型セールス」と「案件型セールス」の特徴

　営業は、受注のしかたのスタイルによって、「ルート型セールス」と「案件型セールス」に分かれます。「ルート型セールス」はBtoB営業に多く見られますが、「案件型セールス」はBtoC営業にもBtoB営業にも見られるスタイルです。

> ・**ルート型セールス**
> 　……取引のあるお客様に接触し続け、定期的に仕事の依頼を受ける営業方法
> ・**案件型セールス**
> 　……案件別に商談を行い、ひとつひとつ受注する営業方法

「ルート型セールス」の特徴

　ルート型セールスとは、すでに取引のあるお客様をまわるルートを固定するスタイルです。BtoB営業のケースでは、担当している量販店や小売店を巡回し、店長やスタッフとの信頼関係を構築する「ラウンダー」と呼ばれる人もいます。ラウンダーは、お店での売れ行きの情報を収集したり、自社製品をよりよい場所に陳列してもらったりするための交渉をすることもあります。

　すでに取引しているお客様をルート訪問するため、ルート型セールスには安定した基盤があり、その顧客基盤を守りながら少しずつ売り伸ばしていくスタイルが求められます。どちらかというと「農耕型」のスタイルといっていいでしょう。

44

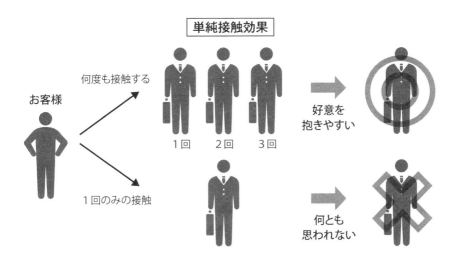

　ルート型セールスのメリットは、「単純接触効果」を狙えることです。単純接触効果とは、接触する回数が増えるほど好意度や印象が高まる心理効果のことをいいます。長時間の濃い接触をするより、「挨拶、声がけ、立ち話」といった単純接触を繰り返すほうが信頼関係を築くことができるため、ルート型セールスをしているかぎり、既存のお客様との関係を維持しやすいといえます。

　また、定期的にお客様と接触し続けると、「このお客様からどれくらいの注文が見込めるか」を安定的に計算できます。しかし、「安定的」というのは、「受注量や受注金額が大きく変わることはない」ということでもあるため、短期的に大きく売上を伸ばすことには不向きです。「期末まであと１か月だけど、１億円の売上目標まであと4000万円足りない」といった局面では、ルート型セールスだけで追い込みをかけるのは難しいでしょう。「来月までに、あと1000万円なんとかなりませんか？」と交渉したところで、「はい、わかりました」と首を縦に振るお客様は普通見つかりません。ルート型セールスは追い詰められてからの一発逆転は狙いづらいのです。ただし、成果につながる安定基盤があるため、期が変わっても、一定量の見込みがある形が多いのも特徴です。

「ルート型セールス」の課題

　ルート型セールスの課題として、スタイルの特性上、接触するお客様が固定化される傾向にあるため、営業パーソンの攻める姿勢が劣化していくことがあります。理由はお客様の新しい課題を見つけて新商品のアイデアを創造したり、他部署や関連会社を紹介してもらい、新たな人間関係を構築しようとしたりする、チャレンジする気持ちが醸成されないためです。

　盤石な売上基盤に安住し、リスクを冒すことができなくなると、外部環境の変化や、得意先の突然の心変わりといった想定外のことに対応できなくなります。

　また、よく知ったお客様との接触が続くせいで、営業個人の能力開発にマイナスの影響を与えることがあります。「何かありませんか？」と営業が尋ねるだけで、「今月はこの型番を3000ロット頼むよ」とお客様が答えてくれるなら、こんなにラクなことはありません。このあと営業がすべき業務は、在庫確認と発注手続きのみです。

　AIDMAという購買プロセスを意識することなく注文をもらえるのであれば、どのような販促を使えばお客様に関心を寄せてもらえるのか、どんな問いかけがお客様の意思決定を促すことができるのか、などを考える習慣がなくなります。俗にいう「御用聞き営業」の問題はここにあります。

「案件型セールス」の特徴

　案件型セールスは、ルート型セールスと対比して考えるとわかりやすいでしょう。ルート型セールスが「農耕型」であれば、案件型セールスは「狩猟型」といえます。

　ストックとフローという表現をしてもいいかもしれません。ストックは「蓄積」を意味し、まさに蓄積型の営業スタイルです。フローは「流れ」を意味します。営業でいえば、一時的に発生する案件を意識する営業スタイルです。

　ルート型セールスはストック型で、案件型セールスはフロー型です。ストック型のほうが収益が安定するように思えますが、お客様と継続して取

引をさせてもらうまでの道のりがとても長くなります。電気やガス、クレジットカード、保険などはストックビジネスの代表格です。日ごろから使っているメインのクレジットカードをころころ変える人は、そういないでしょう。

一方で、電化製品を買うときはどうでしょうか。冷蔵庫を買うときは駅前の量販店、ビデオを買うときは電気街の個店、炊飯ジャーを買うときはネット通販、というように、購入する場所、相手も違うことはあります。それぞれの電化製品（案件）によって異なるのです。

案件型セールスはフロー型なので継続性が担保されません。しかし案件に焦点を合わせてお客様に提案できるので、比較的短期間でお客様から注文をいただくことは可能です。

お客様から注文をいただく点だけ絞ると、ルート型セールスは取引開始までの時間は長いが、いったん取引がスタートすれば、定期的な注文をいただくことができます。農耕型といわれるゆえんです。土壌づくりからし

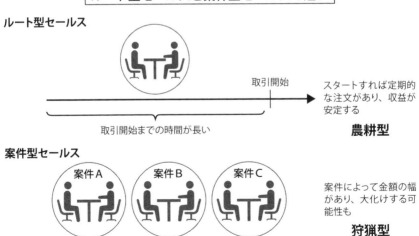

っかりとやることで、将来の収穫に期待が持てます。

案件型セールスは、案件ごとにお客様と打ち合わせをし、交渉して仕事の依頼を勝ちとります。毎回毎回、対策を立て、戦略や方針を決めてとりかかるため、狩猟型といわれるのもご理解いただけるでしょう。

案件型セールスは、案件によって金額の幅があるため、狙うところをしっかりやれば大化けする可能性があります。

「期末まであと1か月だけど、1億円の売上目標まであと4000万円足りない」といった局面であっても、「まだ契約が決まっていない4000万円の案件が残っているから、最後までわからない」ともいえます。リスクも多分にあるものの、期末ギリギリでも逆転を狙えるのが案件型セールスです。

「案件型セールス」の課題

一方、期が変わるとゼロスタートとなるのも案件型セールスの特徴です。ルート型セールスと比べて、受注量、受注金額を平準化することは難しく、月単位で目標を設定してマネジメントするには向いていません。

案件型セールスは、商談や案件が実際には発生していない段階から、相手のニーズを探り、問題解決の手段を提案しなければなりません。そのため、数週間、数か月、取り扱う商品によっては1年以上も、商談に時間がかかる場合があります。

商談のプロセスを正しく管理することで、機会損失（チャンスロス）を抑制することが、案件型セールスで成果を出す秘訣です。

ルート型セールス＋案件型セールス

ルート型セールスは、安定的に収益を見込める一方で、利益の上積みが難しい傾向があります。案件型セールスは大口の受注が期待できますが、商談のリードタイムが長く、安定的ではありません。そのため、この2種類を組み合わせ、臨機応変に営業スタイルを変えるスタイルも多くあります。

たとえば、ルート型セールスで定期訪問しているお客様である工場に、新たな設備や部品の提案を持ちかけるのです。お客様としては、定期的に

出している注文とは違うため、「個別に打ち合わせをさせてもらいたい」といい、商談がスタートすることでしょう。関係性をすでに築いていることから、スムーズに商談に進めるはずです。

　案件型セールスから入り、ストックの収入を得られるようにする発想もあります。たとえば、情報システムを構築するという営業行為は案件型に分類されますが、システム構築後に維持コストをお客様に負担していただくことで、ストック収入も同時に得ることができます。

　投資の世界でも同じですが、種類が異なるものを組み合わせることによって、リスクを分散することができます。ルート型セールス、案件型セールス双方のデメリットを消し合い、営業としての成果を最大化するための方策です。

2-5 「待ちの営業」と「攻めの営業」

「引き合い対応」に依存すると営業力が落ちる

「引き合い対応」とは

「引き合い対応」とは、営業パーソンから働きかけていく営業ではなく、お客様のほうから問合わせをいただいてから対応することをいいます。商品に対する問合わせ、注文、取引の前段階の打診のことを「引き合い」というからです。

「他社にはない技術力がある」「他社よりも歴史がある」「他社よりも商品力がある」「他社よりもブランド力がある」など、競合他社との差別化がはかられている場合、営業パーソンが能動的にセールスをしなくても、お客様のほうから「声がかかる」ことがあります。

本来、営業活動は、お客様との関係を構築し、お客様の利益を考えながら、段階的に進めていくものです。しかし、引き合いの場合は、こうした時間のかかるプロセスを省略して商品説明や提案に入ることが可能です。一度引き合いが来た会社や、契約をしたことのある会社であれば、次の引き合いが来る確率も高くなります。

しかし、引き合いに依存してしまうと、「待つ」ことに慣れてしまい、攻める力を伸ばすことができません。商品力やブランド力のある企業ほど、営業パーソンは「売上目標が達成できないのは商品が悪いせいだ」「売上が上がらないのは問合わせがないからだ」と他責で考えるようになります。こられは売上が上がらない原因のひとつです。引き合いや待ちの営業に依存した結果、営業力が落ちていることもあるでしょう。

商品力やブランド力が低い会社の場合、引き合いが期待できないため、営業パーソンが自ら積極的に営業活動をしなければ、売上を上げることはできません。しかし言い方を換えれば、商品力で差別化できない以上、「攻

めの営業」によって経営のバランスをとろうとするため、「引き合いが少ない会社」のほうが、総じて営業力は高くなります。「営業活動こそが経営を支えるインフラである」「商品力は営業力のうえに成り立っている」と考え、引き合いを待つようなことはしないからです。

　もちろん、「攻める」といっても、強い姿勢で売り込むことではありません。「攻める」とは、「お客様がどこにいて、そのお客様にとって何が利益なのか」を早く、正しく、能動的に調べる（知る）。そして、取引実績のない新しいお客様へも意識を向け、「繰り返し接触をして、信頼関係を構築しようとする」ということです。

種をまいたら、繰り返し水をまく

　営業活動の基本は、「種まき」と「水まき」です。自ら種もまかず、水もまかず、会社や商品のブランドに頼って「お客様からの引き合いを待つ」というのでは成果につながりません。

- **種まき**
  ……お客様を見つける活動。将来的に自社が取引できる可能性のあるお客様と最初にコンタクトをとるプロセス。
- **水まき**
  ……一度接触したお客様（データベース化したお客様）に対して、繰り返し接触すること。

　「種まき」は一度だけですが、「水まき」は複数回、しかも、定期的にまき続けることが重要です。この段階では、提案や売り込みは一切する必要はありません。濃厚接触ではなく「単純接触」を繰り返します。

　種をまいたら、繰り返し水をまく。その結果、「何の違和感もなくお客様と１、２分の会話ができる関係性」を築けるようになることが大切です。

　2014年に消費税が８％に引き上げられたとき、高額商品を中心に駆け込

み需要が高まりました。とくに住宅業界は顕著で、「引き合い」の件数が急増しました。住宅メーカーの多くは、こぞって「契約がとれるときにとれるだけとれ」というスタンスで引き合い対応をしましたが、私はそうした状況に危機感を持ち、私のクライアント企業には、「引き合い対応を減らして、これまでどおりの種まき、水まきも継続させるべきだ」とアドバイスしました。

私は、「引き合いが多いときこそ、攻めの営業をする」「待っていても契約がとれるときこそ、営業パーソンをお客様のところに向かわせる」ことが大切だと考えています。駆け込み需要のあとには、必ず「反動減（増加した直後、通常より大きく減少する状態）」に見舞われ、増税特需の副作用に悩むことになるだろうと予測したからです。

増税後も事業は続いていくわけなので、目先の売上だけにフォーカスするのではなく、「将来のお客様」にも目を向ける必要があるということです。

営業活動をするうえでは、短期的な思考に陥らないことが大切です。重要でかつ緊急でない事柄——つまり将来のお客様に、いかに時間を割けるかが大事です。そのためには自分を律することです。多くの人が「営業にはマインドが大事」と口にするのは、日ごろから感情をコントロールすることの重要性を知っているからです。

感情をコントロールするためにも、「重要─緊急マトリクス」を常に頭に入れておきましょう。

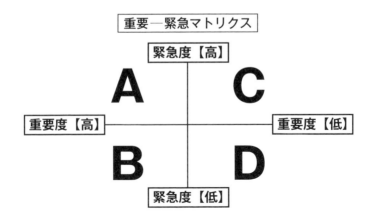

提案営業とは何か

お客様が期待する利益のレベルに合わせて、アイデアを提供する

「案内」「説得」「提案」の違い

「提案営業」とは何かを理解する前に、そもそも「提案」とはどういう意味なのかを知っておく必要があります。そこでまず、「案内」「説得」「提案」の言葉の違いについて説明します。

たとえば、寝具店を例に「案内」「説得」「提案」の違いを説明すると、次のようになります。

- 案内
  ……「当店には、『A』というベッド、『B』というベッド、『C』というベッドがあります。ご興味がおありでしたら、お声がけください」
- 説得
  ……「現在、『A』というベッドのキャンペーンをしています。通常の30％オフで販売しているので、『B』でも『C』でもなく、『A』をご購入ください」
- 提案
  ……「寝起きに腰痛を感じるのであれば、『B』というベッドを試してみませんか？」

「案内」をするだけでは、お客様の潜在的なニーズを顕在化することはできません。同様に、押しの強い「説得」は、「お客様のニーズ」を度外視していることも。これではお客様の利益を支援することができません。したがって、営業活動は、「提案」することが基本です。

提案営業というのは、お客様の課題を解決するための「アイデア」を「提供する」ことです。提供する「アイデア」がお客様の利益を支援する場合、購買につながる可能性があります。お客様との関係性を深め、ニーズ（解決したい課題、手に入れたい利益）を把握したあと、

　「それでしたら、このようにしてはいかがでしょうか」

　「その課題に対して、当社にできることは、このようなものです」

　「お客様のお求めになる品質に合うとしましたら、この商品がよろしいのではないでしょうか」

　といったように、お客様が期待する利益のレベルに合わせて「アイデアを提供する」のが提案営業です。したがって、お客様視点で考えているかぎり、営業行為はすべて提案営業になります。

ソリューション営業、コンサルティング営業とは何か

お客様の課題を把握し、その解決策を提示する

お客様の課題を解決するソリューション営業

　たとえば車の販売であれば、お客様のニーズを把握し、お客様の要望に合った商品を提案するのは、それほど難しいことではないかもしれません。

　実際に車を販売するシチュエーションで考えてみましょう。お客様が「予算は350万円ぐらい」「週末によく海や山へ行く」「子どもの友だちを乗せることもあり、7人乗りがいい」「高性能のナビがほしい」「汚れが目立たないボディカラーがいい」というニーズを持っているのであれば、どのようなグレードの、どのようなオプションをつけた車を提案すればいいか、何となくイメージできるはずです。このように、お客様が手に入れたいものを知り、それに合った商品を提案するのが提案営業です。

　一方ソリューション営業は、お客様に課題があり、その課題解決策（ソリューション）そのものを提案するスタイルです。

　携帯電話の購入を考えているお客様に「現在使用している機種の通信コストが高い」という課題があり、「通信コストを削減したい」というニーズがあるのなら、「通信コストを削減するために、この機器を導入し、これらのアプリケーションを導入して運用することで解決します」といった提案をしていきます。

ソリューション営業に必要なスキル

　ソリューション営業をする場合、お客様が手に入れたいものがどのようなものか、具体的にわかっていないことが多くあります。そのため、お客様がすぐに納得しないケースが多々あります。

　学習塾の営業を例に説明しましょう。あるお母さまから、「中学2年生の子どもの成績が上がらない。どうすればいいですか？」といわれ、「英

語と数学を重点的にやり直したほうがいいでしょうから、当塾のこのような6か月コースでまず学んでみてはいかがですか」と塾長が答えても、そのお母さまが納得するかどうかはわかりません。「本当に、この6か月コースで成績が上がるんでしょうか?」という質問が出てくることは、容易に想像ができます。

携帯電話や車を買う場合なら、価格やスペックが気になるかもしれませんが、子どもの勉強の解決策（ソリューション）を必要としているお客様は、その効果に焦点を合わせています。そのため、営業パーソンも「絶対に大丈夫です」とは断言できません。したがって、お客様に信頼していただくためには、次のような丁寧な説明が不可欠です。

「お子さまのテスト結果を拝見すると、単に勉強時間が足りないのではなく、問題の解き方そのものをまだつかんでいないと思います。実際にお子さまにも確認しているので、こういうケースではマンツーマンでの指導のほうが効果が高いと判断したのです」

1回や2回の説明ではお客様も理解できない場合があるので、不満が解消するまで根気よく対話を重ねることが大事です。

コンサルティング営業とは？

ソリューション営業とコンサルティング営業を混同しているケースが多々あります。明確な違いを定義することは難しいですが、字面からして、ソリューション営業よりもコンサルティング営業のほうが、お客様の高度な問題を解決するであろうことは想像できるでしょう。コンサルティング営業が「問題解決型営業」とも呼ばれているようにです。

「お客様の潜在的な課題を顕在化させ、その課題を解決することがコンサルティング営業」と、私は定義しています。かなり高度なコミュニケーション能力が必要なので、お客様の課題を整理し、解決策を提供するまでのプロセスだけでも、お客様がお金を支払いたくなるぐらいの価値がなければ、真のコンサルティング営業とはいえません。

たとえば、お客様から「MA（マーケティング・オートメーション）の
システムを導入したい」という相談があった場合、MAの提案だけをする
のではなく、そこからさらに深掘りをして、「お客様はどうしてMAを欲
しているのか」を調査分析し、「お客様のマーケティングプロセスを分解
すると、MAではなく、○○○といった簡易システムを営業企画部に導入
し、運営でカバーすることで販売支援につながります」といった提案をし
ます。

お客様の要望どおりMAを導入したほうが、当社は儲かると考えたとし
ても、それで本当にお客様の利益を支援することになるのかと考えます。
お客様の本来あるべき姿とは何か。その場合、本当の問題（真因）はどこ
にあるのか。お客様と一緒に何度も頭をひねり、考え、提案することがコ
ンサルティング営業の本来の姿です。

提案するまでのプロセスがお客様の思考整理につながるため、大きな価
値を提供できます。たとえ仕事の依頼が来なくても、よい関係が構築でき
れば、お客様は営業に大きな信頼を寄せることになるでしょう。

コンサルティング営業のヒアリング技術

コンサルティング営業には、問題を解決するための発想力だけでなく、
現状を分析する能力が必要です。現場に出向いて情報を収集したり、文献
や市場データを用いて分析調査をしたりする能力です。

とくに営業パーソンが意識すべきは、高度なヒアリング技術でしょう。
ヒアリングを高度化する（質問力を上げる）には、まず一次情報（事実）
を押さえることです。たとえば広告代理店の営業なら、お客様がいまどれ
くらい広告費用を年間で使っているか。いま、どのような広告代理店を利
用しているか。どのようなプロモーションを代理店と企画しているか。ど
の広告に社内リソースが充当され、どれくらいのリターン（反応）がある
のかなど、いろいろな角度から事実情報（数字と固有名詞など）を手に入
れます。

そのうえで、市場データと突き合わせます。会社の規模や業態、現在の
マーケティング戦略と照らし合わせ、年間の広告予算、社内のリソース配

分、広告のレスポンス率は妥当なのか。その事実情報をもとに現状分析し、改善策を提案します。

「電車広告にずいぶんとお金をかけていると聞いたので、もっと効果のある交通広告を提案させてください」

このような曖昧な情報をもとに提案するのではなく、どの路線の、どの時間帯に、どのような広告を、どれくらいの費用をかけ、どれくらいの期間、年に何回やっているのか。できるかぎりの事実情報を押さえてから、もっと広告効果の上がるアイデアを提案します。これがコンサルティング営業の基本です。

コンサルティング営業は、現状を分析する力が必須

①まず一次情報(事実)を押さえる
- お客様がいま年間どれくらいの費用を使っているか
- どのようなプロモーションを企画しているか
- どれくらいのリターン(反応)があるのか

②市場データと突き合わせる
会社の規模や業態、現在のマーケティング戦略と照らし合わせ、年間の広告予算、社内のリソース配分、広告のレスポンス率は妥当なのかを精査

いろいろな角度から事実情報
(数字と固有名詞など)を手に入れる

その事実情報をもとに現状分析し、改善策を提案する

✕「電車広告にずいぶんとお金をかけていると聞いたので、もっと効果のある交通広告を提案させてください」

どの路線の、どの時間帯に、どのような広告を、どれくらいの費用をかけ、どれくらいの期間、年に何回やっているのか……できるかぎりの事実情報を押さえてから、もっと広告効果の上がるアイデアを提案する

フルコミッション営業のメリット・デメリット

報酬が大きい分、リスクも大きい

成果に応じて報酬を得るシステム

　報酬体系で営業を分類すると、「フルコミッション」という制度を無視することはできません。フルコミッション営業は保険、不動産、通信回線などの営業でよく見られる制度です。成果に応じてインセンティブがもらえる「歩合制」とよく似ていますが、フルコミッションは「完全歩合制」なので、基本給がありません。

　メリットは何といっても、「うまくいけば報酬額が大きい」ことです。成果が上がれば上がるほど、報酬は大きくなります。たとえば、事業用地などの不動産を扱うフルコミッション営業の場合、仲介手数料の40〜50%程度が歩合報酬率として設定されることが一般的です。一度の契約で、数百万円から数千万円の報酬を獲得できる可能性があります。

　しかし、デメリットもあります。フルコミッションは、「成果」「実績」が報酬に直結する厳しい形態であるため、「どれだけ成果を上げられるか」という営業的な腕力が必要です。したがって、売上が出せなければ、報酬がゼロになることも考えられます。見返りが大きい分、リスクも大きいのがフルコミッション営業の特徴です。

【フルコミッション営業に向いている人】

- 安定しにくいことを理解したうえで、自分を律することのできる人
- 成果が上がれば上がるほど、モチベーションも上がる人
- 目標の数字を達成するために、主体的に工夫ができる人
- プレッシャーや焦りに負けない「精神的な強さ」を持っている人
- 野心や向上心を絶やさない人

・コミュニケーション能力が高い人

38ページで説明した「営業の魔術師」とまではいかなくとも、成果をコンスタントに上げていける自信があるのなら、フルコミッション営業に挑んでみてもいいでしょう。

しかし、フルコミッション営業では、個人の力量や適性というものが重要なので、自分にその実力や適性があるか、自己投資をして鍛錬し続けられるかを、冷静に見つめる必要があります。

営業のプロセス

3-1 営業活動のファーストステップ

はじめてお客様と接触するときに注意すべきこと

属人化の解消

　製造業（製造部門）など、ものづくりにかかわる業種では、「工程管理」という考え方が浸透しています。管理のルールや基準を明確にし、ひとつひとつの作業プロセスを、無駄なく効率的に行なう方法を考えて、日々の業務を行なっていくスタイルです。

　しかし、営業部門は、お客様との初接触から受注後のアフターフォローまでのプロセスが十分に確立されていないことがほとんどです。営業パーソン10人に、「営業プロセスとは何か」と質問をすると、たとえ同じ会社であったとしても、10人とも違う答えを出すことがとても多いのです。

　製造部門であれば、10人が10人とも、ルールやプロセスに則って作業をします。一方、営業部門の多くは属人的で、組織の一員であっても、その手法やプロセスが「個人任せ」になっています。だから人によって営業活動のクオリティに差が出てしまうのです。

　いまの時代、「BtoC」でも「BtoB」でも、営業成績を安定させるには個人ではなく、組織力を高めることのほうが重要です。組織力を高めるには、営業活動のプロセスを標準化して、属人的な営業スタイルを解消し、チームとして営業活動に取り組むことが大切なのです。

営業プロセスを分解する

　固定化された取引先に巡回営業（ルート型セールス）するのであれば、細かい営業プロセスに分解することなく、定期接触のなかで臨機応変にお客様の要望をとらえながら、対応していけばいいでしょう。

　とくに、案件型セールスは営業プロセスを分解し、プロセスごとに正し

く管理をすべきです。営業のプロセスは大きく分けると、次の5つに分解できます。それぞれのプロセスがさらに細かいプロセスに分解される場合もありますが、基本のプロセスについて簡単に知っておきましょう。

【営業プロセス】

(1) 初動アプローチ（種まき）
(2) 定期接触（水まき）
(3) 商談
(4) クロージング（収穫）
(5) アフターフォロー（拡張）

初動アプローチで伝えるべきこと

　このなかで、とくに初動アプローチが苦手な方が多いため、詳しく解説していきます。初動アプローチにおいては、こちらから「能動的に接触を持つ場合」と、お客様から「引き合いがあった場合」があります。それぞれに初期対応のしかたが変わるので、注意しましょう。

・能動的に接触を持つ場合

　こちらから接触を持つ場合、お客様は「聞く耳を持っていない」状態が通常です。会社案内やパンフレット、キャンペーン案内などを持参して、営業自身のことはもちろんのこと、会社や、取り扱い商品・サービスを知ってもらうことがファーストステップです。とはいえ、すぐには興味を示してもらえないため、何度も接触を繰り返して、信頼関係を構築する必要があります。

・引き合いがあった場合

　相手から連絡があった場合は、「連絡をしてきた目的（どういう用件で連絡をしてきたのか）」を明確にすることです。引き合いがあったからと

初動アプローチで伝えること

能動的に接触する場合

営業

お客様

- 会社案内、パンフレット、キャンペーン案内を持参
- 営業自身のこと、会社や、取り扱い商品、サービスを知ってもらうことに努める

聞く耳を持っていない状態

> 何度も接触を繰り返して、信頼関係を構築する

引き合いがあった場合

営業

お客様

- お客様が「連絡をしてきた目的」を明確にする
- 引き合いがあったからといって、商談を期待しない

情報を知りたくて連絡

> いくつかのパターンを想定し、相手の要望に合った対応をする

いって、商談を期待するのは早計です。相手は「情報を知りたい」「検討する材料がほしい」だけであって、「相手から連絡があった＝商談をする気がある」ではないことも多くあります。いくつかのパターンを想定し、臨機応変に相手の要望に合った対応をすることが大事です。

初接触の相手に与える情報

「能動的に接触を持つ場合」でも、「引き合いがあった場合」でも、すぐに商談がはじまることは少ないため、「商談以外」に意識を向けたコミュニケーションをとる必要があります。

　初接触で相手に情報を与えるときは、「自社が伝えたい情報」を提供するのではなく、あくまでも、「相手の知りたい情報を提供する」というスタンスを忘れてはいけません。

　仮に、「当社の業務システム全般を見直したい。IT予算を取っているが、どうすればいいかわからない」という問合わせ（引き合い）があったとき、

営業パーソンが「当社には○○○のソリューションがあります。このソリューションには△△△のようなメリットがありますので、ぜひご検討いただけたらと思います」などと商談に引き寄せようとしたとたん、相手は「売り込まれるかもしれない」という抵抗感や嫌悪感を覚えるかもしれません。

　初接触で提供したいのは、たとえば「トレンド」に関する情報です。相手が「業務システムを見直したい」のであれば、次のように、「多くの企業が業務システムを見直すうえで、どのような取り組みをしているのか。プロフェッショナルとしての見識」を提供するのです。

　「最近では、業務効率化の名のもとに、多くの企業が業務改善につながるさまざまなITツールを導入しています。会計業務や受発注、販売管理、在庫管理、生産管理などにITツールを活用するだけでなく、販売業務、生産業務、サービス業務といった現場業務での活用も進んでいます。スマートフォン、タブレット端末、パソコン、専用端末などを導入することで、社内のコミュニケーションを活性化させる会社も増えています。とはいえ、モバイル端末の導入には、それぞれメリットとデメリットがあります。まず、スマートフォンですが……」

　といったように、「世の中の最新トレンドや業界の動向」を客観的に伝えることが、初見の相手と信頼を築くうえで有効です。

販促ツールの使い方

※初接触の相手に対する販促ツールの使い方は第5章に記述

　情報を提供するときは、口頭の説明だけでなく販促ツールを使うと、相手の印象に残りやすくなります。

　販促ツール（POP、試供品、チラシ、会社案内、製品カタログ、料金表、提案書、WEBサイト、メールマガジンなど）は、リアルとバーチャル（アナログとデジタル）を組み合わせながら、営業プロセスに応じて使い分けることが大切です。

お客様と効果的に関係構築をするためには、「どのツールをどのような比率で組み合わせればいいのか」「どのようなリターンを得るために、どのようなコミュニケーション手段を、どれくらいの規模で行なえばいいのか」をあらかじめ検討します。

　お客様とはじめて接触をする局面では、先述したとおり「業界のトレンド」を体系的に網羅する資料（ツール）が有効です。

「AIDMA」「AISAS」「SIPS」

消費者の購買行動プロセスを理解する

AIDMAとは

　お客様の購買行動を分解すると、「知る→興味を持つ→ほしいと感じる→記憶する→購入する」というプロセスを経て購買に移行すると考えられています。このような消費者が商品の存在を認知し、購入に至るまでの一連の流れを体系的に整理したモデルが「AIDMA（アイドマ）」です。

　AIDMAは、アメリカのサミュエル・ローランド・ホールが提唱した広告宣伝に対する消費者の心理プロセスです。「Attention（注意）→ Interest（関心）→ Desire（欲求）→ Memory（記憶）→Action（行動）」の頭文字を取っています。

　AIDMAでは、購買決定プロセスを「認知」「感情」「行動」の3つの段階に区分しています。

【お客様の購買決定プロセス】

①認知段階
A：Attention（注意）
……お客様は、まだその商品やサービスを知らない状態

②感情段階
I：Interest（興味、関心）
……商品やサービスを知り、興味や関心を持った状態
D：Desire（欲求）
……商品やサービスを「使ってみたい」という欲求が芽生えた状態
M：Memory（記憶）
……その商品やサービスを完全に覚えた状態

③行動段階

A：Action（行動）

……購買行動を起こす状態

消費者の購買行動は段階的に移行していきますが、必ずしも順番どおりに、スムーズに移行するとはかぎりません。停滞したり、前の段階に戻ったり、何回も同じプロセスを踏むこともあります。

営業パーソンが、商品やサービスを伝えたつもりでいても（Attentionの段階は終わったと思っていても）、相手は、まったく認知していなかったり、忘れてしまったりしていることも考えられます。その場合は、「こちらの都合」で先のプロセスに進もうとせず、相手との関係性を構築したうえで、「A、A、A、A、A、A……」と、何度でも「Attention」のプロセスを繰り返すことが大事です。

また、ある商品に対して、お客様が「知っている（A)」「興味もある（I)」「使ってみたいと思っている（D)」「完全に覚えている（M)」という段階まで進んでいても、「社内の優先順位を考えると、時期尚早である」「必要性はよく理解しているし、将来的には導入したいけれど、いまではない」という判断をする場合があります。こうした場合は、「M」の時期が長くなります。したがって、お客様が「忘れないように」単純接触を繰り返して、長期的な視点を持って「Action（行動)」に近づけていく努力が必要です。

「M」の段階での接触をおろそかにしていると、お客様の興味関心が薄れたり、他社に奪われたりする場合があります。

AISASとは

「AISAS（アイサス)」は、インターネットによって自ら情報を検索し発信する消費者の出現に伴い、AIDMAをインターネットが普及した時代に適用できるように発展させたモデルといわれています。

AIDMAと同様に、5段階のプロセスによって構成されてはいますが、

後半の3つがAIDMAと異なります。

A：Attention（注意）
I：Interest（興味、関心）
S：Search（検索）
……商品の存在を知って興味を持った消費者が、商品名や関連するキーワードを検索エンジンに入力して情報を得ること
A：Action（行動）
S：Share（共有）
……商品の購入後、ブログやSNSなどのソーシャルメディアを通じて、消費者同士が商品の感想を発信・共有し合うこと

　AISASは、「検索」「共有」という、消費者の能動的な行動を加えたモデルです。消費者の行動がActionで終わらずに、その経験を「共有」し合うところまでを消費行動モデルとして取り入れています。
　あらゆる情報がネットワークに流れる時代では、「『AIDMA』よりも、『AISAS』のほうが消費者の購買行動の実態に即している」と考えられています。しかし、私の意見は少し違います。たしかに、インターネットが普及したことで、消費者同士の「情報共有」は盛んになっていますが、その多くは「一般消費財（日用品）」が対象です。たとえば自動車、家電製品、健康食品など、よくテレビCMで扱われている商品なら、インターネットで検索して見つけ、購買の意思決定をするかもしれません。しかし日

本の企業約400万社の内、一般消費財を扱っている企業はごく一部です。とくに法人のお客様は、自らほしい商品をネットで検索して購入したり、購入した物をSNSなどでシェアすることはありません。

たとえば、ワイヤ販売商社からワイヤを買った建築施工会社が、「A社で購入したワイヤは、丈夫でありながら柔軟性がある。あのワイヤを使ったところ、景観を損ねない転落防止柵を施工することができました！」と、FacebookやInstagramなどにアップするとは思えません。主に一般消費財を取り扱うメーカーなどの営業は、AISASを意識した営業プロセスを考えたらいいでしょう。

SIPSとは

また、ソーシャルメディアが中心となった昨今では、「SIPS（シップス）」という消費行動プロセスも提案されています。このモデルでは、ソーシャルメディアが主流となる時代の生活者消費行動を「Sympathize（共感）→ Identify（確認）→ Participate（参加）→ Share & Spread（共有・拡散）」とシンプルに整理しています。

このように、英字4文字とか5文字とかで、いろいろな新しい概念があります。これからも、どんどん登場していくことでしょう。

WEB戦略やインターネットマーケティングを実施するうえで、AISASSIPSといった概念を理解していくことは必要ですが、営業活動を包括的、大局的に考えた場合、クラシカルなAIDMAを意識した営業プロセスを基本にしたほうが整理しやすいと私は考えています。

訪問の準備作業

「営業は準備がすべて」といっていいほど大切なプロセス

初動アプローチの準備

　お客様を訪問するにあたって、相手の情報を事前に確認しておくことは、まさに「営業の基本」です。お客様の情報を調べず、自社の商品カタログやチラシを持っていくのであれば、それは単なる売り込みです。お客様の利益を支援する提案営業でさえもありません。

　初動アプローチの際は、ホームページや『会社四季報』（東洋経済新報社）などで、訪問先企業の大枠をとらえておきます。ホームページや社長ブログ、広報のTwitterなど、インターネットから最新状況を収集できるのであれば、事前に目をとおしておきます。

　最近は、企業情報、ニュースの収集・分析を自動でしてくれるネットサービスもあるので、活用してもいいでしょう。

　BtoC営業の場合は、飛び込み訪問でないかぎり、お客様が来店したときやイベントに参加した際に残したアンケートなどの情報があるでしょうから、必ず一読しておきます。

定期接触プロセスの準備

　準備で気をつけたいのは初動アプローチではなく、その後の定期接触（水まき）のプロセスになった際です。初動アプローチのあと、お客様が商品に興味を持ち、商談プロセスに移行するのであればいいですが、そうでなければ、お互いの関係に花が咲くまで定期接触を繰り返します。

　BtoB営業であれば、1か月に1回程度が目安です。ルート型セールスならともかく、商談化していないのに頻繁に訪れると、お客様にマイナスの印象が残っていきます。

　BtoC営業なら、具体的な用もないのにご自宅に訪問したり電話をした

りするのはご法度です。ハガキやメール、チラシなどで定期接触をはかります。

　営業成績で差がつくのは、明らかにこの定期接触のプロセスです（アフターフォローのプロセスも重要）。52ページで紹介した「重要─緊急マトリクス」でいえば、重要でかつ緊急性のないこの接触プロセスにどれだけ意識を向けられるかが問われます。

　成果を出せない営業ほど、目先の数字にばかり意識を向けます。お客様は「この人は私をお客様として見ているのではなく、ノルマ達成のためのコマとしか見ていない」と本能的に感じてしまうので、初動アプローチで「興味はあるが、いますぐは必要ない」といった、将来の見込み客に定期接触を繰り返す際には、お客様目線を忘れないことです。

　「近くに来たので寄ってみました」といいながらも、キチンと訪問前に準備しておきます。初動アプローチのときと同じように、お客様の企業情報などに目をとおします。前回何を話したか、相手がどのようなことをいっていたのかもメモやSFA（営業支援システム）に記録し、随時目をとおしておきます（※SFAについては第9章で詳しく説明します）。

定期接触のプロセス

B to B営業
- 1か月に1回程度の訪問を行なう
- 商談化していないのに頻繁に訪れるとマイナスの印象を与える

B to C営業
- 具体的な用もないのに自宅訪問や電話はご法度
- ハガキやメール、チラシなどで定期接触をはかる

「重要でかつ緊急性のない」定期接触にどれだけ意識を向けられるかで成果が変わる

個人のお客様にハガキやセールスレターを送るときも、お客様のことを考え、一言添えることを忘れないようにしましょう。

　関係構築には単純接触が必要ですが、お客様目線が欠けた接触では効果は限定的になってしまうからです。

モバイル端末の活用

　スマートフォンやタブレット端末が普及したことで、移動中でも、情報を集めることはできます。SFAを導入しているのなら、前回の接触内容もスマホで確認できるはずです。

　単純接触は、「立ち話」でかまわないので、「当たりさわりのない会話」ができれば十分です。「当たりさわりのない」とは、「無難」「害がない」「手堅い」という意味合いです。時事ネタでも、天気の話題でも、お互いが共有しているテーマで無害なものを選択すれば間違いありません。とはいえ、当たりさわりのない雑談をするにも、しっかりと準備をする必要があります（※「雑談スキル」については96ページで詳しく説明します）。

73

3-4 商談プロセスと提案書のつくり方

ソリューション営業、コンサルティング営業の勘所

商談を前に進めるポイント

　定期接触を繰り返し、いよいよお客様がその気になったタイミングで、具体的な商談プロセスへ移行します。

　「そろそろ考えてもいいかな、と社長がいいはじめました」といわれたら、「それでは、一度具体的な提案をさせてください」といって、これまでの定期接触から随時接触へとギアチェンジします。お客様が心変わりしないよう、商談を前へ進めるためにスピーディーに商談の日どりを決めていくことが大事です。そのためには、アポイントメントのとり方を覚えましょう。

　属人的な判断は避け、組織でアポイントのとり方をルール化しておくことです。商談の中身も大事ですが、アポイントも同じレベルで大事なのです。

商談のアポイントメント

　アポイントをとる際は、面と向かって接触しているタイミングを選びます。電話やメールでアポイントの調整をするのは、できるかぎり避けましょう。お客様から打診されたら、「それでは、一度具体的な提案をさせてください」といってからすぐに、「それでは、簡単な提案書をつくってお持ちしますので、来週のどこかで1時間ほどお時間をいただけませんか」などと、アポイントを入れます。決して、「次回の打ち合わせの日程調整に関しては、またおいおい電話かメールにてご連絡させていただきます」などといってはいけません。

　「いま、スケジュールがわからないから」「手帳をデスクに忘れてしまったんだよな」などとお客様にいわれても、次のようにいって、できるかぎ

74

りお願いしてください。

「部長はいつも大変お忙しいと存じます。私から何度も電話がきたり、メールに返信してくれといわれてもお時間がないでしょうし、そもそも面倒でしょう。できればこの場で次の日程を決めてしまったほうが、ご負担にならないかと」

自分の都合ではなく、お客様にこれ以上の手間をかけさせては申し訳ないという気持ちを前面に出してお願いしましょう。そうすれば手帳を持ってきてくれたり、秘書に内線をかけてスケジュールを確認したりしてもらえることでしょう。

もしも、お願いを聞いてもらえないようであれば、今後の商談プロセスにおいても主導権を握ることが難しいかもしれません。商談を繰り返しながら仕事の依頼をとる営業活動は、営業にとって時間的負担や精神的ストレスがかかることです。すべての商談に全力投球していては、疲れ切ってしまいます。日程調整のタイミングで、お客様の本気度を確認することが、メリハリのある営業活動をするうえで必要です。

提案書のつくり方

お客様に提案書を提出するケースは、ソリューション営業か、コンサルティング営業をするケースのみです。お客様のニーズがはっきりしているのであれば、簡易的な商品説明書か見積書で十分だからです。

提案書をつくる場合は、事前に必ずラフデザインを描きましょう。提案書の全体設計をざっくり紙に書いておくのです。その際は「TAPS」で整理するとわかりやすいでしょう。

TAPSとは、「あるべき姿（To Be）、現状（As Is）、問題（Problem）、解決策（Solution）」の頭文字をとったキーワードです。

お客様の「問題を解決する」ための提案書なので、まず「問題」とは何かを明確に定義しておくことが重要です。

「問題」とは、「あるべき姿」と「現状」とのギャップです。そのため、

営業プロセスとして、まずお客様の「あるべき姿」「現状」を調査することが先決です。現状がわからないと問題を特定できないため、解決策を提示することができません。「あるべき姿」はお客様にヒアリングしてでもいいですし、「この業界でこの規模なら、この水準に達しているべきだ」という一般的な理想の姿を用意してもいいでしょう。

しかし「現状」を理解するためには調査が不可欠です。提案書を書くために、現状把握するための調査を営業プロセスのなかに組み込んでおくことが重要になります。もしも何らかの事情で現状の調査ができないなら、「多くの企業がこのような現状になっています」という「数値的根拠」を示すのもひとつの手段です。

一次情報と二次情報

提案書を書くためには、一次情報を集めることからはじめます。「自分はこう思う」という主観や意見（二次情報）を排除して、客観的な事実を提示しなければ、相手に納得感を与えることはできません。たとえば、「布団」を使っている高齢女性に「ベッド」の購入を提案する場合、次のような客観的なデータを提示することが大切です。

「東京ガス都市生活研究所の調査によると、就寝時にベッドを利用する人の数は、1990年から増加傾向にあって、2014年には半数を超えていることがわかっています。

年代別に見ると、とくに70代の女性はベッドの割合が高くなっています。女性高齢者には、膝・腰などの痛みを訴える人が多いことや、布団の上げ下ろしが大変なことから、負担の少ないベッドが選ばれているんです。

また、部屋のなかのほこりは床上30センチくらいで対流しているため、布団だとほこりが体内に入りやすいといわれています。高齢者がほこりを吸い込むと、呼吸器などに影響を受けて寝苦しくなり、睡眠の質が低下しやすくなります。

こうしたことを考慮すると、高齢者こそ、ベッドに変えていただくメリットは多くなります」

このように、「主に健康上の理由から、多くの高齢者がベッドを使っている」という事実をデータで証明できると、「社会的証明の原理」が働きます。社会的証明の原理とは、自分の判断よりも、周囲の人たちの判断が正しいと考える心理作用のことです。人は何かの行動をするとき、他人の行動を意識しながら決める傾向にあります。「みんながそうしているのに、自分がそうなっていないのは、損だ」と考え、損失を回避しようとして、周囲の動きに同調するのです。

ソリューション営業の提案プロセスは、「TAPS」に沿って、次の流れを意識することが大切です。

①「あるべき姿」を提示する（To Be）
②客観的データを使って「現状」を分析する（As Is）
②現状とあるべき姿のギャップ（問題）」を明確にする（Problem）
④「問題」を解決するためのアイデアを提案する（Solution）

提案書に記す解決策が、アクションプラン、スケジュール、プロジェクト体制、効果、見積額……など、多岐にわたる場合は漏れなく記します。Aプラン、Bプラン、Cプランなどと、予算に合わせた提案内容を3種類ほど準備しておくと、お客様も意思決定しやすいかもしれません。

提案書のページ構成

シンプルな提案書にするため、1枚に、上から「タイトル（A）→ 図表（B）→ まとめ（C）」という構成を基本に組み立ててみます。「AはBだからCである」と頭に入れておきましょう。

・第1パート（タイトル）
……まずページの一番上にタイトルを記します。目次のページがあるなら、個々のページタイトルは目次と合っていなければなりません。そして、提案書の構成で「タイトル（A）」は主語が入ります。たとえば、「御社の課題」「西日本事業部の現状」「部長方針の浸透度」「御社の新卒採用の状況」

「当社が提案するソリューション」「課題解決プロセス」「見積額」などです。

・第2パート（図表）

……ページ最下段に記す「まとめ（C）」につなげるための論拠・エビデンスを、簡潔な「図表（数字）」を使って客観的に提示します。たとえば、「御社の課題」がタイトルなら、10年分の部門別売上推移の表を載せるなどです。「御社の新卒採用の状況」なら、5年間の新卒採用状況を、同じ業界の他企業と比較したグラフを載せるといった形になります。

　このパートには、多くの説明文を載せないようにします。簡潔な説明文では理解できないようであれば、図表に問題があります。提案書のなかですべてを説明しようとせず、営業自身が口頭で補う余地も残しておきましょう。お客様に説明している間に、お客様自身でその提案書にメモしてもらうように促すことも大事です。適度な余白も残しておきます。

・第3パート（まとめ）

……そのページでもっとも訴えたいことを、短い文章でまとめます。「御社の課題」がタイトル（A）で、「10年分の部門別売上推移の表」が図表（B）なら、まとめ（C）は「X事業部とY事業部以外は10年で20％以上売上がダウン」などです。

　タイトル（A）が「御社の新卒採用の状況」で、図表（B）が「5年間の新卒採用状況を、同じ業界の他企業と比較したグラフ」なら、まとめ（C）は「同業界の平均値と比較して、新卒採用者数が著しく少ない」などにします。

図表例

　提案書で使用する代表的な図表と、その特徴を以下に記します。

集合ベン図

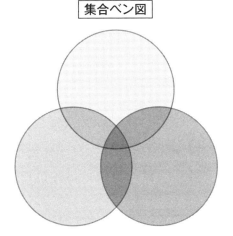

複数の集合の関係を視覚的に表現した図。
例：「お客様アンケートの結果」など

マトリクス図

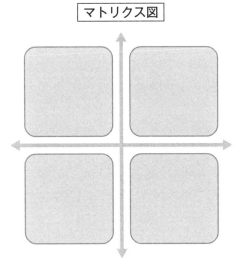

複数の対象を比較したり、優先順位づけを行う図。
例：「お客様のニーズ・ウォンツ分析図」など

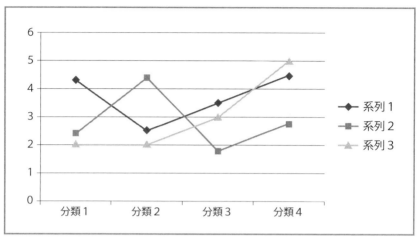

時間の経過にしたがってデータが変化する様子を表現するグラフ。
例:「直近5年間の展示会の来場者数推移」など

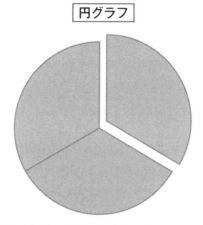

何らかの構成比率(全体に対する割合)を表現するのに適したグラフ。
例:「埼玉県の分類別工場出荷額」など

循環図

PDCAなど、循環し繰り返されるプロセスを表現する図。
例：「コスト削減プロジェクトの運用サイクル」など

プロセス図

業務や工程のプロセスを視覚的に表現した図。
例：「ITソリューションの導入手順」など

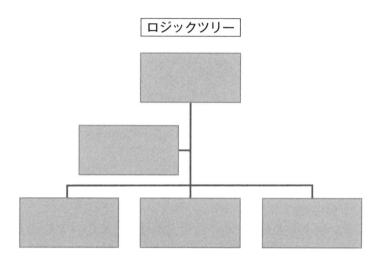

問題の要因を分解して整理し、ツリー状に表現した図。
例：「工場の稼働率を上げるための論点整理」など

3-5 組織力を使った商談の進め方

組織の力を活用して、膠着状態を打開する

提案プロセスの注意点

　提案のプロセスで大切なのは、「パターン化すること」です。いくらお客様の問題を解決するからといって、すべてカスタムメイドで提案書をつくっていては、とても非効率です。

　過去の経験則で解決策はパターン化しているはずですし、お客様が抱えている問題も、お客様の属性によって重なることも少なくありません。したがって現実には、ゼロから提案内容をつくり上げるケースはあまりなく、6～7割はこれまでの提案書を流用し、3～4割を修正する程度に抑えるのが理想です。

　別の側面から書くと、効率的に成果を出すためには、ゼロから提案内容を考えなければならないお客様ではなく、これまでの3～4割を修正すれば提案できるお客様を探すことです。お客様の問題を解決し、満足いただくためには、お客様を探すプロセスが非常に重要です。

提案内容はパターン化する

- すべてカスタムメイドで作成するのはとても非効率
- 6～7割はこれまでの提案書を流用し、3～4割を修正する程度に抑える

ゼロから提案内容を考えなければならないお客様ではなく、これまでの3～4割を修正すれば提案できるお客様を探す

商談を前に進めるコツ

　営業活動では、取引先との接触回数を増やして、信頼関係を醸成していく必要があります。ですが、接触する担当者が「いつも同じ人」で、その担当者に決裁権がない場合（あるいは商談を進めるつもりがない場合）、どれほど頻繁に接触をしても、商談を前に進めることができません。膠着状態を打開して商談を前に進めるためには、取引先の「キーパーソン（決裁権者）」と面会することです。

　しかし、取引先のキーパーソンに面会することが難しいときもあります。キーパーソンと接触をするには、自分1人で何とかしようとせず、上司の力を借りることも考えましょう。こちらも、（相手と同等の）職責上位者に動いてもらうのです。

　まず自社の上司に働きかけ、組織を正しく動かすことです。そのためには、お客様と同様に、社内の先輩や上司と、日ごろから関係を構築していくことが大事です。

84

受注後のフォロー

アフターフォローでファン化を促す

お客様のファン化

　72ページに書いたとおり、「重要―緊急マトリクス」で考えた場合、お客様との信頼関係の花を咲かせるための水まき（定期接触）のプロセスと、仕事を依頼されたあとのアフターフォローのプロセスがとても大切です。これらのプロセスに意識を向けない営業が多く、営業成績の差がつく大きな要因となります。

　営業パーソンは、取引先（既存顧客）からさらに新しい商談、リピートオーダーをいただけるように、受注後にも手を抜かず、アフターフォローを心がけるべきです。継続的にアフターフォローをすることによって、営業コスト（お金、時間、労力）を引き下げる効果があります。

　商品が納品・導入されたあとも接触を繰り返し、有益な情報を提供したり、商品の使い勝手を聞いたりすることで、顧客のロイヤリティを高めることが可能になります。お客様から信用を得て、その信用を守り続けるには、まず定期的にお客様の顔を見て話をすることです。

営業のスキル

第1印象、第2印象、第3印象

第1印象と第2印象よりも、第3印象をよくする

印象＝習慣の集積

　営業は「第1印象」が大切です。身だしなみや表情、姿勢、明瞭でわかりやすい話し方など、第1印象をよくするために心がけることはたくさんあります。

　しかし、大切だとはいっても、「第1印象ですべてが決まる」わけではありません。第1印象をよく見せられなかったからといって、今後の相手との関係を悲観する必要はありません。なぜなら、人に与える「印象」には、第1印象以外にも、「第2印象」と「第3印象」があるからです。

- 第1印象
　……相手を「はじめて」見た瞬間に、相手の見た目などの視覚情報や、声の大きさや明るさといった聴覚情報から受ける印象のこと。
- 第2印象
　……少しの時間、接触をしてから抱く相手への印象のこと。就職活動の「面接」などで重要視される項目。会話の内容や受け答えの際のしぐさなど、コミュニケーションをとおして判断される。
「パッと見はいいんだけど、話しはじめたら全然ダメだった。自己中心的な印象を受けた」
「最初は暗い感じの印象を受けたけれど、コミュニケーションをとってみると、冷静で、かつ論理的な受け答えができる。判断能力に優れている印象を受けた」
　このように、「最初は○○○○という印象だったけれど、すぐに別の印象を感じた」と第1印象とのギャップによってつくられる印象。

・第3印象

……長期にわたる行動と結果で判断される印象のこと。第1印象、第2印象が「点の情報」だとしたら、第3印象は「線の情報」。日ごろから正しい行動をとっているか。愚痴をこぼさず、不安や不満を口にせず、淡々と組織に貢献する行動ができるか。お客様の要望にスピーディーに応じることができるか。こうした行動習慣によって形づくられる印象。

　言葉が与える印象よりも、「行動習慣」が与える印象のほうが、お客様の心に残ります。そのため、お客様の信頼を得るには、「何をいうか」以上に、「何をするか」「何を続けるか」が大切です。

　信頼がないところで、いくら巧みなセールストークを駆使しようとしても、お客様の心を動かすことはできません。では、どうすれば信頼関係が築けるのでしょうか。それは、愚直に、実直に、継続的に、お客様との接点を持ち、役立つ情報を提供し続けることです。

　どの印象においても共通していえるのは、「印象＝習慣の集積」ということです。普段から身だしなみに気を使わない人が、本番だけきちんとしようとしても、着こなしが様になっていないのがにじみ出てしまいます。ネクタイがゆるんでいたり、しわくちゃのシャツを着ていたりしたら、「たまたまその日だけだろう」とは誰も思いません。それと同じで、その場だけ「いい人」を演じたり、取り繕おうとしたりしても、相手には見透かされてしまいます。

　お客様は、いい習慣を持っている営業に信頼を寄せます。カバンや時計、ボールペンは買えばそろえられますが、セットした髪、きれいな爪、まっすぐなネクタイ、シワのないシャツは、いい習慣がないと準備ができないのです。

もっとも大事な第3印象

　お客様との信頼関係を盤石にするために、もっとも意識すべきなのは第

３印象です。第１印象と第２印象もいいに越したことはありませんが、それらがよくても第３印象が悪い場合、ギャップが大きくなり、相手を失望させます。

「身だしなみもきちんとしていたし、商談時の受け答えもしっかしていたけれど、いざ仕事を依頼してみると、やるべきことを全然やらない」といったマイナスの評価をされてしまいます。そして、「やるべきことを全然やらない営業」「やることが遅い営業」といった不名誉なレッテルを貼られてしまうのです。

反対に、第１印象と第２印象が悪くても、第３印象がよければ、いくらでも挽回することができます。

「最初に会ったときはとても地味な印象を受けたけれど、実際は違った。意外と努力しているし、愚痴もこぼさずコツコツ継続してスピーディーに対応してくれる営業だ」

このように「好印象」を与えることができます。不器用な人ほど地道ながんばりが評価されたときにギャップが働き、第３印象がよくなります。

理想はすべての印象をよくすることです。しかし、もっとも大事なのは、第３印象なのです。

4-2

言語コミュニケーションと非言語コミュニケーション

シチュエーションに応じて3つの「表情」を使い分ける

第4章 営業のスキル

表情を意識した「非言語コミュニケーション」

コミュニケーションには、言葉を使う「言語コミュニケーション」と、言葉以外の伝達手段を用いた「非言語コミュニケーション」があります。

- **言語コミュニケーション**
  ……話す言葉の内容、手話、筆談など。抽象的・論理的表現に優れている。
- **非言語コミュニケーション**
  ……身振り、手振り、表情、声のトーン、見た目、印象など。対人関係において、感情、態度、パーソナリティなどの情報を伝達する際には、言語コミュニケーションより、非言語コミュニケーションのほうが多くの情報を与えることができる。

福岡県に、博多明太子を販売する「ふくや」という会社があります。福岡県内に多くの店舗を持っているのですが、同社が行なっている顧客アンケートで、とても興味深い結果が出ています。それは、お客様に店員の「接客態度」に加え、「商品の味はどうだったのか」「値段は適正か」という質問をしたそうです。アンケートの結果は、「店員の接客態度がいい」と答えた人は、ほぼ100%「味もよく、価格は適正」という回答で、「価格が高い」という回答をしたお客様は1人もいなかったということです。ところが、「店員の接客態度がよくない」と答えた人の大多数が、「味がよくない、価格が高い」という回答をしたそうです。商品はまったく一緒なのに、店員の接客態度によって味が変わってしまう、価格に対する印象が変わってしまうというのです。これを受けて、同社は徹底的に社員教育をして業績

91

を上げていきました。接客態度をよくすることで、お客様の満足度を上げていき、結果として売上も上がっていったという素晴らしい事例です。

接客態度というのは、まさに非言語コミュニケーションの集積です。お客様が質問したいときに、「店員同士でしゃべっている」「やる気がなさそう」「挨拶に元気がない」ではいけません。明るく、健康的で、何でも聞いてくださいといった、気持ちのいい接客が大事です。

この非言語コミュニケーションは、表情、姿勢、語調、声のリズム、行動の量とスピードなど、多岐にわたります。このなかで、もっともインパクトが大きいのが、「表情」です。営業として、戦略的に表情を切り替えられるスキルをまず身につけましょう。

コミュニケーションとしての表情は、大きく次の3種類に分けられます。

【コミュニケーションとしての表情】

①オープンフェイス
……笑っている表情、心を開いて微笑んでいる表情。緊張感を緩め、周囲にリラックス感を与える。

③ニュートラルフェイス
……「素」の表情。何も意識せずにいるときの表情であり、周囲に対して影響を与えにくい。

③クローズドフェイス
……真剣な表情、厳しい表情。周囲に緊張感を与える。

表情を意識した非言語コミュニケーションでは、「オープンフェイス」「ニュートラルフェイス」「クローズドフェイス」を局面に応じて使い分けていく必要があります。

日本人（東洋人）は、西欧人に比べると表情に乏しいため、かなり意識して表情をつくらないと、「表情の変化」を相手に伝えることはできません。私は営業コンサルタントとして、私が営業や販売スタッフに「話し方」の研修をする際には、「どのように表情をつくればいいか」をシチュエーシ

ョンごとに解説しています。

第4章 営業のスキル

【シチュエーション別・表情のつくり方】

・シチュエーション① お客様との単純接触・製品説明・商談

……オープンフェイスで対応。柔らかい笑顔でリラックス感を与える。

・シチュエーション② お客様への（比較的強い）クロージング

……クローズドフェイスで対応。製品説明を「オープンフェイス」で
しているので、真剣な表情に変化したときに「ギャップ」が生まれ、
相手にインパクトを与えられる。

・シチュエーション③ お客様からお断りされたとき

……ニュートラルフェイスで対応。残念な結果になっても、苦々しい
表情（クローズドフェイス）を見せない。

・シチュエーション④ お客様から注文をもらったとき

……とびっきりの「オープンフェイス」で対応する。微笑みではなく、
大きな喜びを表現する。

　営業とお客様との「心の摩擦値」を取り除くためには、まずは柔らかい
オープンフェイスで接し続けます。そして「ここぞ！」というときにクロ
ーズドフェイスで押していきましょう。摩擦抵抗がなくなってから背中を
押すことが重要です。

4-3 営業パーソンの服装

服装はお客様目線で選ぶ

服装も営業戦略のひとつ

　営業パーソンにとって、服装も戦略のひとつです。説得の効果は、ビジュアル（どのような服装をしているか）によって確実に変わります。したがって、好き嫌いで服装を選ぶのはやめましょう。

　判断基準は「効果があるかどうか」です。いわばスポーツと一緒です。たとえば、水泳選手が水着を選ぶとき、「この柄がいい」「これが好きだから」ということだけで決めているのではなく、タイムが上がるかどうかで決めます。営業パーソンも業種によっては常にスーツでなくてはならないわけではありませんが、お客様との関係を維持し、主導権を握るため、効果的な服装を選ぶようにします。これは「営業の基本」です。

　では、どのような服装をすればいいのでしょうか。それぞれの職場に合わせる必要がありますが、もし比較的自由に服装を選んでいい場合は、次の2つのポイントを押さえておきましょう。

①ラクな服装を避ける

　「ラクな服装」を選ぶと、説得効果が低くなる恐れがあります。たとえば、「①くたびれたジャージにスリッパ」「②ポロシャツにジーンズ」「③スーツにネクタイ」「④警備員の制服」の4種類の服装のなかで、もっとも説得効果が高いのは、「④警備員の制服」といわれています（これを「ユニフォーム効果」と呼びます）。

　私は、「クールビズ（ノーネクタイ、ノージャケット、半袖シャツ）」を否定するつもりはありませんが、とくに「半袖シャツ」は、相手にくだけた印象や軽い印象を与えやすいため、避けたほうがいいと考えています。『Dress for success』の著者、John T. Molloyの調査によると、リーダー、

94

管理職が半袖シャツを着ている会社では、そうでない会社に比べ、スタッフの遅刻が12％も多かったそうです。つまり、半袖シャツの上司は軽く見られる傾向にある、ということです。半袖シャツを着るのであれば、お客様の前にいるときはジャケットを着用するなどの工夫が必要です。

②相手の服装に合わせる

　営業パーソンの基本は「スーツ」です。スーツでも、お客様の服装とのコントラストがつきすぎないように「相手に合わせた服装をする」ことを心がけます。

　以前、ある鉄工所のコンサルティングセッションにうかがったときのことです。その鉄工所では、多くの社員が作業着の下にワイシャツを着てはいましたが、ネクタイを締めていませんでした。夏の暑い日に、営業の1人から次のような指摘をいただきました。

　「横山さんはいつでもきちんとスーツを着こなしていますね。でも、かえって暑苦しく見えますし、隙がないから、心を開けないんです」

　当時はまだクールビズという発想はなかったので、私の服装は、「ネクタイ」「ジャケット」「長袖シャツ」が基本でした。ですが、「心を開けない」という指摘をいただいてからは、セッション中はジャケットを脱ぎ、ネクタイを外すようにしました。

　営業パーソンの服装に、個性は必要ありません。正解があるとしたら、自分の着たい服を着たいように着るのではなく、「お客様目線」で選ぶことです。

営業パーソンの「雑談スキル」

人間関係を構築するうえで不可欠なスキル

雑談は人生のスキル

　他の職種と比べて「雑談スキル」をもっとも武器にできるのが営業です。他の職種なら、仕事中に20分も30分も誰かと雑談していたら、上司からにらまれるかもしれません。しかし営業の場合は、お客様とどれくらいの頻度と深さで雑談できるかで力量が試されるといっても過言ではありません。雑談はそれぐらい重要です。

　「お客様とリラックスした雰囲気で世間話ができる」「他愛もない雑談に時間を費やすことができる」という特殊な力は、AIやロボットでも置換されることのない、あなたが持つ素晴らしい才能と技術なのです。

　今後起業しても、家庭に落ち着いても、会社を退職して余生をすごすステージになっても、この雑談スキルは、あらゆる場面で生かされる人生のスキルになることは間違いありません。仕事しながら学び、訓練して、この雑談のスキルを身につけていきましょう。

お客様の安心欲求を満たす

　人間は緊張している状態だと、十分な力を発揮することができません。正しい判断ができませんし、ひどい場合は思考停止になることも多くあります。そのため、多くの人は「安心・安全の欲求」をまず満たしたいと考えます。その欲求が満たされてはじめて、別の高次な欲求に意識を向けることができるようになるのです。

　これは、お客様も同じです。営業の口からどんなに素晴らしい提案をもらっても、どれほど自社に有益な情報だと申し出られても、営業パーソンに心を許すことができなければ、検討することができません。安心欲求が満たされないからです。

そのため営業パーソンが、まだ関係構築できていないお客様と会ったときにしなければならないことは、お客様がリラックスできる空気をつくることです。お客様に「すぐに商品の話を聞きたい」「自分が持っている課題を打ち明けたい」という姿勢があれば別ですが、まだそのようなステージに及んでいないと察知したら、まずは当たりさわりのない雑談をして、いい空気をつくることが先決です。

最低限の雑談スキル　〜木戸に立てかけせし衣食住〜

お客様と雑談をするためには、話を引き出す「聞く力」が必要です。この知識については後述するので、今回は営業パーソンが雑談するうえで考えるべきポイントを整理していきます。

まず、定番のネタである「木戸に立てかけせし衣食住」を覚えましょう。あまり相手のことを知らなくても、とりあえず、この話題を出せば最低限の雑談はできる、というキーワードです。

【木戸に立てかけせし衣食住】

- き → 季節
- ど → 道楽
- に → ニュース
- た → 旅
- て → テレビ
- か → 家庭
- け → 健康
- せ → 世間
- し → 仕事
- 衣食住 → 衣食住

例文を使って説明していきます。

97

き（季節）

　「き（季節）」は、最初の挨拶から続けて世間話へと移行できる、鉄板の切り口です。

　「おはようございます。先日の展示会ではありがとうございました。それでは、あのときに配布した製品カタログについてお話をさせてください」

　このように、挨拶してすぐに本題に入る流れは一般的ではありません。普通は、次のような形になります。

　「おはようございます。先日の展示会では、ありがとうございました。それにしても、本当に暑くなってきましたね。電車のなかも蒸し蒸しでして」
　「だいぶ暖かくなってきましたね」
　「御社が扱っている空調設備も売れ行きが変わってきているでしょう」

　このように、季節や気候を切り口にして、雑談の導入部をつくり込むことは常套手段なので、はじめに覚えるべきポイントです。

ど（道楽）

　「ど（道楽）」は、趣味、夢中になっていることに関するもので、お客様との関係を深めるには、格好の切り口です。

　「私はあまり登山のことは詳しくないのですが、知人が八ヶ岳を登ったといっていました。八ヶ岳は素晴らしいですか？」
　「八ヶ岳といっても、どこかね？」
　「硫黄岳、天狗岳、赤岳、とかいっていました」
　「それはいい。長野じゃなく山梨側から登ったんだろう。八ヶ岳というのは、夏沢峠を境に北と南とに分かれていてね……」
　経営者や幹部ほど、多彩な趣味を持っているものです。相手の趣味を常

に意識して雑談することを心がけたいですね。

に（ニュース）、て（テレビ）、せ（世間）

「に（ニュース）」「て（テレビ）」「せ（世間）」は、最近のニュース、流行っている物事などです。常に新聞や雑誌に目をとおし、情報感度を高めておくことは重要です。ただ、政治ニュースに言及することは、慎重にしたほうがいいでしょう。

「部長、最近テレビでこんなニュースを知りました。死亡率がいちばん低い睡眠時間は何時間か、というニュースです」
「え！ そんなニュースがあったんだね。ぜひ教えてもらいたい」
「110万人を6年間追跡調査した結果、いちばん死亡率が低い睡眠時間は約7時間だったそうです。短くても長くてもよくないみたいですね」
「私は平均5時間ぐらいだ。もっと気をつけないといけないな」
「そこで最近、睡眠不足を解消するアプリが流行っているみたいで」
「どんなアプリだい？ 私もインストールしようかな」

いろいろな人に試してみて、どんなニュースが多くの人の興味関心を惹きつけるのか、常時リサーチしておきましょう。ニュースは鮮度も大事です。雑談スキルを身につけるうえで意識したいですね。

た（旅）、か（家庭）

「た（旅）」は、旅行などに関することで、雑談にしやすい切り口です。合わせて「か（家庭）」にもふれた例を紹介します。

「先週、ご家族で北海道に旅行されたと聞きました。まだ雪が残っている地域もあるのでしょう」
「小樽に妻の実家があってね。帰省も兼ねて観光してきたんだ。海が近いせいか風が強く、まだまだ寒いね」
「そうでしたか、奥様のご実家が小樽にあるんですか」

「妻は高校を卒業してからすぐ東京で働きはじめ、3年後にいまの取引先に転職したんだよ。そのとき――」

　旅行などを切り口に雑談をはじめると、お客様の性格だけでなく、大事にしているもの、家族に対する思いなどを知るきっかけにもつながります。

け（健康）

　「け（健康）」は、お客様と親しくなったら鉄板にするべき事項で、いつも気にかけたい切り口です。

　「先日、体調を崩されたと聞きましたが……」
　「ごめんごめん。大事な提案をしてもらう日だったのに欠席して。たいしたことはないんだが、最近背中が痛くてね」
　「背中ですか。当社の専務も背中が痛いといっていたら急性膵炎でした」
　「膵臓を悪くすると背中が痛くなるらしいね。私も気をつけなくては」

　旅行やテレビ、ニュースの切り口で雑談しても、継続性はありません。しかし、健康の切り口は継続性があります。触れてもいいことが前提ですが、会うたびに「最近お体はどうですか？」と気遣う姿勢を見せることは大切です。相手が心を開いてくれているなら、そこから話が広がります。

し（仕事）

　「し（仕事）」を切り口として雑談をするには注意が必要です。幅が広すぎて、ぼんやりとした内容だと……

　「最近、景気はどうですか？」
　「まあ、ぼちぼちですね」

　といった、「雑談スキルがゼロです」と表明しているかのような会話しかできません。可能なら「に（ニュース）」「せ（世間）」などの切り口と

100

の合わせ技で考えていきましょう。

「最近、食品ロスの問題がニュースでも取り沙汰されています。御社でも話題にのぼりますか？」
「そうなんです。われわれメーカーだけが気にかけていても解決しませんから、卸売業様、小売業様との連携が必要ですね」
「デリケートな問題ですね」
「競合メーカーよりも、当社は対策が進んでいるほうですから、これを機に差別化を図っていきたいです」

タイムリーなテーマを選ぶと会話がはずみます。お客様の業界などに意識を向け、常に情報感度を上げておきましょう。

衣食住

「衣食住」の切り口は説明するまでもないでしょう。

「社長、新しいそのネクタイ、とてもお似合いですよ」
「おすすめいただいた寿司屋、先日行ってみたんです。そうしたら……」
「昨年、郊外に建てられた新居はいかがですか。まだ落ち着きませんか？」

とても身近な話題なので、確実に押さえておきたいですね。

雑談は準備がすべて

「木戸に立てかけせし衣食住」を参考に、それぞれの切り口を組み合わせて雑談のための準備をしてから、お客様と会いましょう。"出たとこ勝負"でやって、うまく雑談ができる人はいいでしょうが、雑談が苦手な営業パーソンも少なくありません。

初対面の人とは緊張する、話すのが苦手……などと言い訳をしないで、これから会うお客様に関心を寄せて常に準備をするのです。

私がいつも気にかけているのは雑談のディテールです。数字や固有名詞

101

に注意を向けます。

「課長はオアシス（洋楽のロックミュージシャン）が好きだとおっしゃっていましたね。今度、ギタリストの人が来日するそうじゃないですか」

このようにざっくりとした話でもいいのですが、私ならもう少しだけディテールを意識して調べてから話します。

「課長は学生時代からオアシスの大ファンだったと聞きました。今度、ノエル・ギャラガーが来日するそうですね。ノエルのソロプロジェクトとしては4年ぶりの来日だとか……」

オアシスやノエル・ギャラガーのことを詳しく知らなくても、これくらいの情報はインターネットで1分もかければ調べられます。ここまで話を投げかけることで、お客様の反応は大きく変わります。

「そうか4年か……！　4年前は来日したことさえ知らなかったよ。ライブ行きたいなぁ。今回を逃すと、今度いつ来日するかわからないからな」

お客様の反応（生理的反応）を常に意識を向けて観察することを「キャリブレーション」と呼びます。相手の反応によって、どのような切り口の雑談を、どれくらいの深さで話すかを決めるため、キャリブレーションスキルも頭に入れながら、雑談スキルを高めていきましょう。

雑談内容を引き継ぐ

お客様を別の営業パーソンに引き継ぐとき、そのお客様が持っている課題やニーズ、商談履歴のみならず、これまで交わした雑談内容も引き継ぎましょう。この引継ぎを怠ると、長い時間をかけてお客様と積み上げた「関係資産」が引き継がれません。第9章で紹介するSFA（営業支援システム）を利用すると効率よく継承していくことができます。

4-5 お客様を紹介してもらうスキル

もっとも効率のいい新規顧客の開拓は「紹介」

紹介してもらうスキル

　営業がもっともエネルギーを使うのは、新規のお客様を開拓するプロセスです。「こうすれば絶対にうまくいく」というような勝利の方程式はありません。地道にお客様を探し、愚直に接触を試みることで、少しずつ新しいお客様が増えていくものです。

　飛び込みやテレアポ、イベント、広告、WEBプロモーション……いろいろな新規顧客開拓の方法がありますが、もっともストレスがかからず、しかも効果的な方法は「紹介」です。お得意先のキーパーソンや、個人の人脈から、見込み客を紹介してもらうと、仕事を依頼される確率は高くなり、値引き交渉をされることも少ないでしょう。「紹介」が増えると、営業の成果は出やすくなるため、意識して紹介してもらうスキルを身につけましょう（※ただし、手数料をとるような人からの紹介では、効率的な営業活動を期待できません。これはお金を支払ってプロモーションしたのと同じだからです）。

紹介を増やす3つのポイント

　お客様を紹介してもらうためには、大きく分けると3つのポイントがあります。

- （1）紹介者との信頼関係
- （2）紹介者の記憶
- （3）紹介者の特性

　これら3つのポイントをいつも頭に入れ、紹介をもらうスキルに磨きを

かけていきましょう。

まずは信頼関係が第一

　まず何といっても、営業パーソンと紹介者との信頼関係がとても大事です。営業パーソンが紹介者から信頼されていなければ、自分の知人や取引先を紹介してくれるはずがありません。

　これは社外だけでなく、社内でも同じです。同じ会社の人なら、お願いすれば当然紹介してくれるだろうと思い込んでいたら大間違いです。人間的に信頼を得られていないのであれば先輩、同僚からも紹介はしてもらえません。社長も、専務も、部長も、成績が伸び悩んでいる営業パーソンがいたら何とか支援したいと思うものですが、自分の大事な人脈、お得意先、金融機関の知人……を紹介するかといったら、それは別の話。自分にとって大事な人ほど、いちばん信頼をおける営業パーソンに紹介者を委ねるものです。

　社内からもお客様を紹介されない営業パーソンが、社外から紹介されることは少ないものです。最低でも、まずは社内でお客様を紹介してくれそうな人との関係を構築しましょう。定期的に紹介をしてもらえるよう、社内人脈を増やします。

　信頼を得るためには、やはり単純接触が重要です。営業行為と同じで、紹介してほしいときだけ連絡をとるようなことをしていると逆効果です。そんなふうだとどんどん信頼を失っていきます。社内でも社外でも、「この人なら、いいお客様を紹介してくれるかも」と思える人と出会ったら、定期接触を心がけることです。お客様と見るのではなく、よき紹介者として接していきましょう。

紹介者に覚えてもらう

　紹介者に「紹介してください」といえば、誰かを紹介してくれるわけではありません。まずは紹介者に覚えてもらうことが大事です。そのために「何を」覚えてもらうのか、記憶に残る自己紹介、商品紹介を心がけましょう。そのための話し方とは、「ホールパート法」です。最初に話の全体

像（Whole）を相手に伝え、それから話の部分（Part）を説明する話し方です。相手の頭を整理させるうえで、とても簡単で効果的なコミュニケーション技術です。

よく「結果から話す」「結論から伝える」といいます。雑談などのような会話を楽しむことが目的のコミュニケーションであれば、結論を最後まで話さずに引っ張るのもいいでしょう。しかし相手の記憶に残すためには、誤解を避けるためにも、いちばん伝えたいことを最初に持ってくるのです。

「私がいま、一番力を入れているのがＡという商品です。このＡという商品、何がいいかというと、Ｘ、Ｙ、Ｚの３つがポイントなんです」

このように、最初に結論を伝えます。それから、部分の話を展開させていきます。

「ひとつめのＸというポイントですが……。２つめのＹというのは……。そして最後の３つめのＺというのは……」

そしてラストにもう一度、全体を伝えてから締めくくってもいいでしょう。

「というわけで、私がいま一番力を入れているのがＡという商品です。ポイントはＸ、Ｙ、Ｚの３つです」

保険営業のように、商品がとてもわかりやすければ、「営業パーソン自身」を覚えてもらうだけでお客様を紹介してもらえるかもしれません。

「ライフプランニングまでしっかりやってくれる、誠実な保険営業を知っているから紹介しようか？」

こういってもらえます。しかし、どのような特徴があるかわかりづらい

ホールパート法の論理構成

Whole（導入・結論）

「○○について私たちが伝えたいことは３点です」
「まず１点目は□□です」
「次に２点目は△△です」
「そして３点目は××です」

Part（本論）

「では、１点目の□□について詳しくお話しします」
「続いて２点目の△△ですが、これは……」
「最後に３点目の××ですが……」

Whole（最終結論）

「以上の３点より、……ということになります」

商品を扱っているのであれば、人間性を知ってもらうだけではいけません。

「いい営業さん知っているから、紹介しようか？」

　こうはいってもらえないからです。「ホールパート法」などを使って商品も記憶に残るように伝えることで、次のようにいってもらうことができます。

「こんな興味深い商品を扱っている会社を知っているんだけど、そこの営業を紹介しようか？」

　紹介してくださる人の頭に、どのような情報を記憶してもらうか、意識して接することが大事です。

紹介者の特性を知る

　紹介を増やすうえでもっとも大事なことで、かつ多くの人が知らない事実があります。それは「紹介者の特性を知る」ことです。紹介してくれる人はどんどん紹介してくれ、紹介してくれない人はどんなにがんばっても紹介してもらえないのは、このことを知っているかどうかです。自分や商品の魅力とは関係がないのです。

　世の中には、「お節介焼き」「世話好き」の人がいます。「誰かの役に立ちたい」「人の喜ぶ顔が見たい」という性格の人です。自分には何のメリットもないのですが、「この人は一所懸命がんばっているのだから応援したい」、このように純粋に受け止め、力になってくれる人たちです。

　そのような人の性格を見極めるのは普通難しいので、まずはめぼしい人がいたら、紹介をしてもらえるようお願いしましょう。それを繰り返すことで、「この人は紹介してくれる人だ／この人は紹介してくれない人だ」と見極めていくのです。決して「性格がいい人」なら紹介してくれるわけではないので、紹介してもらえないからといって相手に不満を覚えるのはやめましょう。

　それどころか、よく紹介してくれる人ほど、意外と癖があるものです。常に感謝の気持ちをお伝えしたり、食事に誘ったりして相手を大事にする必要があります。「紹介してもらって当然」と受け止めるようになったら、これまでつくり上げた信頼は一気になくなります。

107

4-6 営業パーソンの正しい「聞き方」

プロセスに合ったコミュニケーションを習得する

相手の話を聞く

　一般的に、「話すより聞くほうが大事だ」「相手の話をよく聞け」といわれています。たしかに、「話を聞く」という行為は相手との信頼関係を築くうえでとても重要です。ただし、「話を聞く」のは、「相手が話したがっている」「相手に話したいことがある」ことが前提です。

　話を「聞く」ためには、「相手が話さないといけない」ことを覚えておきましょう。相手に話すことがないのに、相手の話を聞こうと思っても、その思いは空まわりをします。

　相手が話をしたがっているのなら、まずは話をしっかりと聞きましょう。途中で自分の意見を挟むことなく、オープンフェイスでうなずきながら、同調する態度で、相手の言葉を漏らすことなく聞くことが大切です。

人の話を聞くプロセス

　相手に話したいことがないようなら、話したいことができるまで、営業パーソンは単純接触を繰り返し、「いつでも話を聞く準備があります」という姿勢を見せておく必要があります。

　こちらの都合で面談を設定し、「さあ話してください。何でも聞きます」と訴えても、お客様は困惑するだけです。また、「何かニーズはございませんか」「何かお困りごとはありませんか」「当社でできることがあったら何でもいってください」と漠然とした質問を投げかけたところで、答えを誘導することはできません。

　「人の話を聞く」ことは重要ですが、目的とシチュエーションによって

プロセスや手順が異なります。

「相手がしゃべりたがっている」のならともかく、そうでないのなら、聞く必要はありません。しゃべる気がない人には、無理に質問をしなくてもかまいません。短い「声かけ」や「挨拶」だけで十分です。

短い接触回数を繰り返し、少しずつ信頼関係ができてから、次のような具体的な質問をしていくのが、プロセスに合わせたコミュニケーションのしかたです。

「オフィスの業務効率化に向けて、取り組んでおられる具体策を教えていただけますか？」

「社員教育に力を入れる企業が増えています。御社は社員教育にかける投資予算の上限額はどれくらいになりますか？」

「聞く」には2種類ある

聞く（聴く）には2種類あります。ひとつ目が、相手の話に黙って耳を傾ける（hear）、2つ目が、相手の話の論点をつかむ（listen）です。hearのほうは、「聞く態度をとる」「きちんとリアクションをする」というニュアンスです。

「私はあなたの話を聞いています」という非言語的なことが相手に伝わることが大事です。相手が世間話や雑談をしているときには、なおのこと聞く姿勢を心がけます。この際に、あまりにうなずきすぎていると相手から軽く見られてしまうので、たまに大きくうなずくなど、メリハリをつけていきましょう。表情はシチュエーションに合わせて変えましょう。相手が「先週ゴルフでハイスコアを出しまして」などと、楽しい話をしていたらオープンフェイスを、「先日、母が骨を折って入院しまして」というような話題になったらクローズドフェイスを心がけます。

listenは、英語のテストのリスニングに似ています。テストでは、例題のあとに設問が出てくるので、テストを受けている人は、一語一句逃さないよう集中して聞くと思います。

109

hearとlistenを使い分ける

雑談のときは「hear」
「先週ゴルフでハイスコアを出しまして」
「先日、母が骨を折って入院しまして」

「私はあなたの話を聞いています」
という非言語的なことが
相手に伝わることが大事

重要なフレーズが出てきたら「listen」
「我が社の問題点は……」
「実は社長がこんなことをいっていた……」

瞬間的に頭を切り替え、
リアクションしなくてもいいので、
メモをとりはじめることが重要

お客様と雑談しているときはhearのスタンスでもいいのですが、営業の提案につながる本題に入ったら、listenの姿勢で注意深く聞かなければなりません。

たとえば話のなかで、「我が社の問題点は……」「実は社長がこんなことをいっていた……」といった重要なフレーズが出てきたら、それを聞き流すのではなく、瞬間的に頭を切り替える必要があります。

その際は、真面目な顔——ニュートラルフェイスでいいでしょう。リアクションしなくてもいいので、メモをとりはじめることが重要です。相手の話の論点をつかむために、耳でインプットしながら同時に手でアウトプットをしましょう。こうすることで、自然と集中力が増します。

ときおり聞き返すことも大事です。相手のいっていることは、一度で完全にキャッチできないことが多いので、「もう一度いってもらえませんか」などと再質問することも大切です。これは相手に対して、こちらが聞く姿勢を整えていることを伝える意味でも効果的です。

目の前にいる人の利益を知る

冒頭で定義したとおり、営業の仕事とは、お客様の利益を支援することです。しかしながら、本音と建て前が異なるケースは多々あります。

「50人の営業が使っている携帯電話の通信コストがとても高い」と管理部長がいっていたとします。ところが、その通信コストを削減できる提案をしても、なかなかその部長が決断してくれないとします。それは、なぜ

か。

　会社の利益を考えたら、通信コストを引き下げるいい方法があるのであれば、迷うことなくそれを適用することを本気で検討すべきです。しかしながら、「通信キャリアを切り替える手続きが面倒だ」「いままでなぜ高い通信プランのままだったんだ、と社長に詰め寄られたら困る」と部長が感じていたら、次のような発言とともになかなか商談は前に進まないことでしょう。

　「たしかに現状の通信コストは高い。しかし、だからといって急いで切り替える必要はないだろう。現場から文句をいわれると対応に追われ、仕事が増えるのも問題だ」

　営業パーソンが提案しているアイデアが、目の前にいる相手にとって魅力的な利益に見えるとはかぎりません。お客様の話を単に聞くだけではなく、相手の話に耳を傾けながら、目の前にいる相手はどんな本音を持っているのかを推察するのです。面倒なことはやりたくない人なのか。それとも社内で評価されることを欲しているのか。出世したいと思っているのか。相手の口から出てくる言葉のみならず、表情や姿勢にも意識を向けながら、どんな心情なのかも観察するのです。

111

4-7 クロージングのテクニック

クロージングの技術が上がらないかぎり、営業成績は伸びない

クロージングの重要性

　クロージングとは、お客様がその気になっているにもかかわらず、迷っているときに背中を押すコミュニケーション技術です。

　クロージングは、営業活動における最大の「見せ場」「山場」です。映画でいうと「クライマックス」のシーンなので、多くの営業パーソンはクロージング技術を磨こうと意識するはずです。

　ただ、相手がその気になってもいないのにクロージングをしてしまうと、関係を悪くさせることがあります。お客様が「そろそろ決めよう」と考える、見極め（バイイング・シグナル）をつかみましょう。

　反対に、クロージングを軽視する営業パーソンもいます。お客様に判断を委ねてしまい、ついつい放置してしまうのです。

「すでに提案書も見積書もわたして、十分に説明した。あまりクドクドいうと嫌がられるだろうか、お客様の反応を待とう」

　このように考え、お客様からの連絡を待ち続けてしまうのです。待つことと放置は違います。一定の期間、待っても連絡がなければ、「ご検討いただけたでしょうか」と連絡をし、「そろそろ決めませんか」と面と向かってクロージングする必要があるのです。

　私は以前、一軒家を購入するとき、多くのハウスメーカーと商談しました。「展示場見学 → 物件案内 → 宿泊体験 → 建築プランの提示 → 資金計画の提示」と、必要な営業プロセスを経て、あとは決めるだけという段階になった際、正しくクロージングをしてきた営業パーソンはほとんどい

ませんでした。10社のうち1社ぐらいだったと記憶しています。

「横山さん、わが社に決めてもらえませんか」
「アフターフォローもしっかりやります。ぜひ！」

　こうした強い態度ではなくても、はっきりいってもらいたかったのですが。　クロージングされるのが嫌いな私の妻でさえ、「どうして間どりまで決めたのに、その後何もアクションがないんだろう？　こっちから連絡しないといけないのかな。住宅営業の人ってみんなそうだね」と戸惑うほどでした。

　クロージングは、ゴルフでいえばパターのようなものです。パターの技術が上がらないかぎりスコアが伸びないのと同じように、クロージングの技術が上がらないかぎり、営業成績は伸びません。

お客様のその気を見極める「バイイング・シグナル」

　クロージングするためには、お客様が「その気になっている」かどうかの見極めが大事です。その判断材料として、お客様の「バイイング・シグナル」を確認します。

　お客様に断る理由がほぼなくなった場合で、最後の一歩が踏み出せないだけというケースでは、確実に表情や態度にあらわれます。背中を押してもらうことを待っているだけだと確信したら、ストレートに「もう決めませんか」といいましょう。「いま決めていただければ、今後の段取りがスムーズになります」などといって背中を押すのです。

「そうですね。はい。もう迷う理由はないですから、お願いします」

といわれることでしょう。簡単なようですが、意外にこの「最後の一押し」ができない営業パーソンが多いのです。

　「検討します」「考えさせてください」といって、本当にいろいろ調査して購入するか考える人は稀です。そのため、明らかに検討したあとだと見

受けられたら、お客様はその気になっていると考えていいでしょう。

　「週末、ネットで調べてみたんですが、このような商品もあるんですね。この商品と御社の商品とは何が違うんですか？」

　このように質問されたら、お客様が本気で検討しているというシグナルです。このようなときは、前のめりに対応しましょう。

お客様の特性で使い分ける

　また、押しに弱いお客様もいます。とくに経営者は、意外に押しに弱いものです。条件が整っていなくても、強い押しで攻めることで、その気になってくれるお客様もいます。

　「社長、ぜひお願いします。絶対に損はさせませんから」
　「本当にこのシステムが当社の業務効率化に寄与するのかね？」
　「間違いありません。成功事例はこんなにたくさんあります。ぜひ、ここで決めてもらいたいんです」
　「ここで決めろといわれても……」
　「お願いします！　社長」
　「しょうがないな、君ぃ。そこまでいわれたら、断れないじゃないか。本当に損をさせないんだろうね？」
　「はい！　お任せください」
　「君には負けたよ。管理部長を呼ぶから手続きしてくれ」

　人情味のある経営者であるほど論理的に判断しないことがあるので、正しいプロセスを飛ばしてクロージングすることで、契約を獲得できることがあります。
　ただし、こういうケースで大事なのが、アフターフォローです。無理やりクロージングして仕事をとった場合は、神経質なほど契約後の仕事を丁寧にしましょう。万が一このフォローをおろそかにすると、「説得すると

きだけ一所懸命にやって、契約とったあとは放ったらかしか！　許さんぞ」
と激しいクレームになる可能性もあります。

3つのクロージング事例

クロージングで有効に機能する、3つの技術を紹介します。

①ドア・イン・ザ・フェイス・テクニック
②Iメッセージ（アイメッセージ）
③ピア・プレッシャー

①ドア・イン・ザ・フェイス・テクニック

「ドア・イン・ザ・フェイス・テクニック」とは、本当に頼みたい事柄よりも先に負担の大きな依頼をしておき、一度断られてから本当に頼みたいことを伝えるテクニックです。最初に提示した情報が頭に残り、その後の判断に影響を与える心理効果を利用しています。

このテクニックの名称の由来は、とてもユニークです。営業パーソンが、個人宅のチャイムを鳴らし、家の人がドアを開けたらいきなり「顔」を突っ込むやり方です。だから、ドア・イン・ザ・フェイスなのです。当然、こんなことを営業にされたら、家の人はドアを思い切り閉めるでしょう。すると、頭がドアに挟まります。そのため営業は、「ドアを開けてくださらないと、頭を抜くことができません。頭ではなくせめて足を挟みますので、いったんドアを開けてくれませんか」と嘆願します。家の人は、「ドアに頭を突っ込まれるより、足のほうがまだましか」と受け止め、譲歩します。ということから、このクロージング技術は命名されました。

このドア・イン・ザ・フェイス・テクニックは、最初にお客様が受け入れることができない高いレベルの要求を提示しておき、相手が断ったあとで、営業側が一端譲歩し、要求レベルを下げるやり方です。

「御社の状況を考えると、オプションＡもオプションＢもつけたほうがいいと判断しました。その理由は3つあります――」

「いやいや、ちょっと待ってください。そんなオプションをつけてくれといった覚えはありませんよ。しかも予算は100万円といったじゃないですか。見積もりに350万円と書いてある」

「しかし、御社の現状を調査したところ、このような課題もあるかと思いますが」

「おっしゃるとおりです。それはそうなのですが……」

「オプションAとオプションBの有用性は、理解いただけますか？」

「理解しました。たしかに当社に必要なソリューションです。しかし、いくら何でも350万円では難しい。社長も『うん』とはいいませんよ」

「そうですか……」

「提案内容は理解しました」

「それでは、オプションAとオプションBは外しましょう。その代わり、無償でここまでのサービスはさせてください。そうすれば、見積もりを120万円まで落とすことができます」

「え、120万円？」

「はい。いかがでしょうか」

「120万円なら……きっと社内稟議もとおりやすくなります」

　お客様の必要のないものを提案に盛り込んでしまったら、当然のことながらどのようなクロージング技術を使ってもうまくいきません。お客様の利益を支援するうえで必要なものだけれど、到底受け入れられないであろうレベルの提案をすることがコツです。

　この例だと、お客様の頭のなかに「350万円」という数字がずっと残っているため、「120万円」と金額が落ちたときに、営業パーソンが譲歩したと受け止めるのです。「譲歩の返報性」という心理効果が働き、お客様もついつい「それならいいか」と譲歩してしまうのです（当初の予算は100万円だったのにもかかわらず）。

②Iメッセージ（アイメッセージ）

　ドア・イン・ザ・フェイスと異なり、ソフトなクロージング技術を紹介

します。「Ⅰメッセージ（アイメッセージ）」とは、「私」を主語にして、相手の行動を促すコミュニケーション技術です。相手が行動することによって「私」がどう感じるのかを言葉で表現することにより、相手が自主性を失わず承認に結びつきます。クロージングというより、コーチングの基本的なリーディング技術です。会話のなかにさりげなく織り込むのがコツです。

たとえば、「私はお客様が当社のサービスを採用いただけると、とてもうれしいです」「木村さんがここで決めてもらえると、私はすごく幸せです」というようにいいます。文章で読むと違和感があるでしょうが、口頭でいわれると、意外とすんなり相手に届くメッセージになります。

反対に、YOUメッセージ（ユーメッセージ）とは、「あなた」を主語にするメッセージです。「私」と「あなた」とのつながりが断絶されているので、お客様に抵抗が生まれ、反発が生まれやすくなります。たとえば、「買ってください」「そろそろ決めたらいかがでしょうか」などがYOUメッセージです。相手に強いプレッシャーをかけたい場合はいいですが、ソフトタッチでリードしたい場合は、Ⅰメッセージのほうを選択しましょう。

③ピア・プレッシャー

直接的なクロージングではなく、まわりから外堀を埋めていくスタイルのクロージング技術を紹介します。「ピア・プレッシャー」とは「仲間からの圧力」という意味です。人間は、社会性の高い生き物なので、身を置いている環境の影響を強く受けます。それが家庭であっても、職場であってもです。とくに職場のなかでは、「多勢と同じ価値観に」という圧力を日ごろから感じているものです。この圧力のことをピア・プレッシャーと呼びます。

たとえば営業パーソンの提案に対して、決裁権のある相手の会社の本部長の感触がいまいちでも、部課長がとても前向きになっている場合、これら部課長たちを味方につけて、外堀を埋めていきます。

部課長たちとこまめに対策会議を開いたり、提案書の中身を一緒に吟味したり、本部長に影響力のある専務や常務といった幹部を巻き込んだりと、

あらゆる手を打ちます。そのために営業パーソン側も、自分の上司である部長や社長に協力を促し、組織で対策をとります。

ピア・プレッシャーはタイミングが命です。外堀が埋まっていない状況で急ぎすぎると、「おいおい、お前ら、よってたかって俺を説得しようというのか？」と反感を買われることがあります。かといって、長い時間をかけすぎると、社内外の協力者が減っていきます。

「わかったよ。みんながそこまでいうならやってみようか」といってもらえるよう、じわりじわりと圧をかけていくことが大事です。

このピア・プレッシャーの効果があるのは、同調性バイアスにかかりやすい人のみです。周囲の人と違うことをやりたがる、同調性の低い人が相手ではきき目がないので気をつけましょう。

BtoC営業でも、ピア・プレッシャーは使える技術です。たとえば住宅営業なら、施主さんの周囲の奥さまやお子さま、ご両親などを巻き込んで外堀を埋めていくのです。

クロージング技術は多岐にわたります。ストレートに行っても無理なら、まわり道してでも目的を果たす方法もあるのです。営業パーソン自身の得手不得手もあるでしょうが、お客様の性格やシチュエーションによっても、使う技術を変える柔軟さが必要です。

4-8

行動力は大切なスキル

「質より量」の段階がある

第4章 営業のスキル

営業パーソンは、質より量

私は「営業パーソンの行動は、質より量」だと考えています。目標を安定的に達成できる力がついたと見届けてから、質のアップを追求しますが、それまでは「量（回数）」を重視すべきです。「質」より「量」を優先する理由は、主に「4つ」です。

①お客様との信頼関係が醸成される

お客様との信頼関係を構築するには、単純接触を繰り返すことです。38ページに書いた「営業の魔術師」のような、会った瞬間にお客様を虜にするような営業パーソンもいますが、誰もが真似できるわけではありません。単純接触効果を上手に使い、お客様とのラポール（信頼関係）を構築することが、営業の基本です。

②「最低必要努力投入量（MER）」を知ることができる

期待した成果を手に入れるためには、もし一定以上の努力をしていないとしたら、すぐに見切りをつけないことが大事です。この「一定以上の努力」という概念は、「最低必要努力投入量」と呼ばれています。ミニマム・エフォート・リクワイアメント（MER）ともいわれ、名著『働くひとのためのキャリア・デザイン』（PHP研究所）で金井壽宏氏が紹介した概念です。

まず、どれくらいの量、行動をすることで成果が出るのかを見届けてから質を上げ、行動の効率化をはかります。

119

③仕事のスピードがアップする

　時間を固定して行動量を増やせば、自然と仕事のスピードは上がります（労働時間を増やして行動量を増やしてしまうとスピードは上がりません）。こうすることで、目標達成につながらない業務が自然と削られていく効果もあります。仕事のスピードが上がることで、営業生産性は飛躍的に上がっていきます。

④考える習慣が身につく

　アイデアは「発散と収束」でできあがっていくものです。いきなり「この業界に攻めよう」「こういう商品を開発しよう」などと、根拠もなくひらめきだけでアイデアを出すのはよくありません。まず、いろいろなアイデアをたくさん集めて発散させることです。そのため「量」が必要なのです。

　販促ツールでも然りです。チラシ、ノベルティ、ポスター、メルマガ、ブログ、ホームページ、冊子など、いろいろなツールを使いながら、どれが効果的なのかを検証し続けることが大事です。むやみやたらに手を広げる必要はありませんが、ひとつ2つ何かをやったからといって、どれが一番効果があるのかを断定することはできません。行動量を増やして、チャレンジしていくことで、当社の営業活動にはどのプロモーションが合っているのか、合っていないのかを取捨選択できるようになります。

　営業拠点の開拓も一緒です。たとえば3つの営業拠点を開拓したいからといって、5つ6つの拠点にアプローチしても成果は出ません。20、30あたって絞り込んでいくことが大切です。これは、お客様に対してもそうですし、業界に対してもそうです。拠点、プロモーションなど、属性の異なるものに大量にふれることによって、考える習慣、力が身についていきます。

　そして、発散したあとは絞り込んでいくことが大切です。このプロセスを「収束」と呼びます。収束プロセスでは、「コスト」や「効果」、「スピード」などの判断基準を使いながら、アイデアを絞っていきます。

4-9 営業成績と営業スキルの意外な関係

スキルを上げても、営業成績は上がらない

営業スキルは二の次

営業成績をアップさせるために、営業スキルはもちろん大事です。しかし、もっと優先すべきことがあります。それは、やはり営業成績です。スキルより「営業成績が先」なのです。

「営業のスキルを身につければ、営業成績が上がる」と考える人が多いですが、実際に現場で支援をしていると、「営業成績が上がっていくと営業スキルも上がる」のが現実です。

スキルと成績は、相互に影響を与えている因子です。成績が上がるとスキルも上がるし、スキルが上がると成績も上がるものです。この順番の違いは大きく、スキルが上がれば営業成績も上がると思い込んでしまいがちですが、似て非なるものです。

資格試験でたとえてみる

このことは、資格試験にたとえて考えてみると、わかりやすいと思います。

中小企業診断士の資格試験には、1次試験と2次試験があります。1次試験は、マークシート方式による択一式試験です。1次試験の合格者は、2次試験の「筆記試験」に進みます。出題科目は4科目で、科目ごとに企業の概要が書かれた問題文が2、3ページほどあり、その内容について4、5問程度の設問があります。解答文字数は指定されていて、1問あたり100字前後で解答します（※筆記試験に合格すると、口述試験）。

中小企業診断士の2次試験突破のために必要なのは、まず「対策（過去問を解いたり、過去の合格者の解答プロセスをなぞる）」を考えられることであって、「100字前後で解答するための文章力」というスキルがあって

121

も肝心の中身がよくなければ意味がありません。

「対策を考えられること」と「(文章の)スキルを身につけること」は別の話です。文章を書くスキルがあるからといって、中小企業診断士に合格できるわけではありません。これは営業も同様です。

自己満足のスキルにならないように

営業スキルで重要なことは、話し方、プレゼンのしかた、提案のしかた、人間関係の構築のしかたなど、多岐にわたります。しかし実際には、知らない人と話すのが苦手で、人づき合いが悪くても営業成績が高い人は大勢います。反対に、話し方が上手でも、誰とでも仲良くなれる人でも、営業成績が低い人も多くいます。このようなことからも、営業スキルが上がっても、結果に対するコンバージョン率が上がらないかぎり、スキルが成績につながっているとはいえません。したがって、スキルを上げて営業活動の質を上げたいのであれば、必ずコンバージョン率を継続的にウォッチしていきましょう。そうでなければ、単なる自己満足のスキルになります。

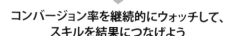

第 5 章

営業の販促ツール

5-1 販促ツールを使うときの注意点

「現物」「ホームページ」「チラシ」などを組み合わせる

販促ツールの使い分け

　営業パーソンが利用する販促ツールは、お客様が「法人（BtoB）」か「個人（BtoC）」かによって、使い分ける必要があります。

　BtoC営業の場合は、「お客様＝決裁権者」であることが多いため、販促ツールをつくらなくても「現物」をお見せしたり、疑似体験していただくだけで、営業プロセスを前に進めることができます。たとえば、「車に試乗してもらう」「住宅展示場に来てもらう」などです。

　しかし、BtoB営業では、ほとんどの場合、窓口の担当者には決裁権限がありません。決裁権限を有するのは、職責上位者です。窓口の担当者を飛ばして最初からお客様企業の決裁権者に会うことは容易ではなく、たとえ決裁権を持つ人と話ができたとしても、意思決定はその人だけですまないこともあります。

　仮に、お客様が、担当者→課長→部長といったように役職ごとに指揮命令系統を持っている場合、担当者はもとより、課長と部長にも情報が届くように、「現物」「ホームページ」「チラシ」などの販促ツールを複合的、立体的に組み合わせる必要があります。

　たとえば「営業パーソン」からお客様企業の「係長」へは商品のよさが伝わっても、その「係長」から上司の「課長」へとうまく説明ができるかわかりません。さらにその「課長」から「部長」へは、伝言ゲームと同じで、歪曲されて伝わってしまうことはよくある話です。

　このようなレポートラインを意識し、営業パーソン自身が直接伝えなくても、お客様企業のなかで商品のよさが理解されるように販促ツールを設計することが大事です。

販促ツールのテストマーケティング

　チラシやホームページをつくるときは、業者に丸投げしないで、基本的にまずは「自社で制作する（自社ですぐにつくり直せるようにしておく）」ことをおすすめします。なぜなら、販促ツールの反応率を上げるには、「テストマーケティング」が必要だからです。

　チラシの反応率が悪ければ、10万枚配っても、100万枚配っても、思うような効果を得ることはできません。洗練されたホームページをつくっても閲覧数が低ければ、販促に役立てることはできません。チラシやホームページ、ダイレクトメールの反応率を高めるには、お客様の反応を、データを確認しながら細かく改善を続けるしかありません。

　たとえ最初は反応がよくても、徐々に悪くなっていくこともあります。2～3年はよくても、時代が変わることで反応が悪くなることもあります。販促ツールは、「一度つくったから、それで終わり」「一度つくったら、同じものを使い続ける」ではなく、PDCAサイクルをまわして、改善していく必要があります。この「改善の習慣」をつけることがとても重要です。

　チラシを1000枚配って、どれくらいお問合わせがあったか。100社にセールスレターをわたして、どれほど話題が盛り上がったか。ホームページやネット広告など、細かくアクセス数を計測できればいいですが、そうでなければ実際に持参する営業パーソンが意識して、カウントしていく必要があります（※営業パーソンがお客様と商談するたびに記録できるよう、SFAを有効活用してもいいでしょう。SFAについては第9章で詳しく紹介します）。

販促ツールを改善する

　販促ツールを見た直後のお客様の「反応」を、営業パーソンは常に観察しておきましょう。期待どおりでなければ、すぐにキャッチコピーを変えたり、デザインを変えたりして、反応率を高めていく努力が必要です。理想的なのは、販促ツールを見たお客様のほうから話題が出ることです。

「このチラシに書かれたサービスは、いつからスタートするのですか」

　その場ですぐこのようにいわれたらいいですが、たとえ数日たってからでも、「先日のカタログにあった商品、他社での反応はどうですか」などと尋ねられたら、反応は悪くありません。

　販促ツールは、営業活動のコンバージョン率を引き上げるうえで重要なだけでなく、スキルが十分でない営業パーソンの成績を底上げするのにとても有効なので、組織全体で取り組み、改善を繰り返すことが大事です。

不特定多数への販促

　狙ったお客様からだけではなく、不特定多数に販促活動をした際に、どういった反応が出てくるのかには、かなり神経を配る必要があります。

　DMを送ったり、ブログやメルマガを書いたりするのは効果のある販促手法ですが、展示会やセミナーの開催と同じように、やりっぱなしになることが多いからです。

　「やったか／やらなかったか」ではなく、「どれくらいの反応があったか」を常に数字で記録していきましょう。その数字は必ず「分母」と「分子」の組み合わせでとらえます。「ランディングページにアクセスした1万5690人のうち、895人が問合わせページにもアクセスした（895／1万5690）」とか、「DMを408社へ郵送し、電話で確認したらキーパーソンが開封した会社は19社だけだった（19／408）」など、数字で可視化していくことが大切です。

　チラシもDMもホームページなども、記録した数字の変遷を見て、改善を繰り返していきます。そうすることで、実際に「このキャッチコピーにしたら、お客様が話題に出してくれた」「デザインの配置を変えたら、覚えてくれるようになった」という感触を得ることができます。

　こうした改善を外部の制作会社に委託すると、ビジネスのスピード感が損なわれてしまいます。できる範囲内で内製をして、分析結果をすぐに「次」の販促ツールに反映させることが大切です。

| どれくらいの反応があったのかを数字で把握する |

問合わせページへの
アクセス数

DMの開封率

ランディングページにアクセスした１万5690人のうち、895人が問合わせページにもアクセスした（895／１万5690）

DMを408社へ郵送し、電話で確認したらキーパーソンが開封した会社は19社だけだった（19／408）

「このキャッチコピーにしたら、お客様が話題に出してくれた」
「デザインの配置を変えたら、覚えてくれるようになった」

記録した数字の変遷を見て、改善を繰り返していく

　たとえば、当社アタックス・セールス・アソシエイツの場合なら、ホームページを運営するうえで、ヒートマップ解析（訪問ユーザーがどのページをよく閲覧しているのか、どのような動線でコンバージョンに至っているのか、などの分析）を自分たちで行ない、分析結果をもとに、頻繁にホームページの改善をしています。

5-2 ４大広告との連動性

メディアへの露出を販促に役立てる

出稿状況をキャッチアップする

　４大広告（新聞、雑誌、ラジオ、テレビ）を使ったマスアプローチは、一度で多くの人に認知してもらうには有効なプロモーション手段です。必ず営業パーソンが４大広告への出稿をキャッチアップできるようにしておきましょう。

　本部と営業パーソンの連携が十分ではないと、営業パーソンが「いつ、どんな広告が出稿されるのか」を把握していないこともあります。以前、私がコンサルティングに入った会社（家具メーカー）でも、連携が取れていませんでした。その会社は「美術協力」として、テレビドラマの家具インテリアをコーディネートしていました。本部の狙いは、「ドラマで自社製品を露出させることで、ブランドの認知とイメージアップをはかる」こ

広告の出稿状況は随時伝える

来週月曜日、21時からのドラマで当社の家具が映ります。主人公のお姉さんのデザイナーズマンションで使われるんです

そのドラマ見てるよ！　御社の製品がちゃんと映るか、見ておくよ

そんな人気ドラマにも、利用されるぐらいの家具を扱ってるんだな

インパクトのある刺激を提供することで、
お客様が持つ当社のイメージをいい方向に変えていく

とです。

「来週月曜日、夜9時からのドラマで当社の家具が映ります。主人公のお姉さんのデザイナーズマンションで使われています」

お客様がそのドラマを観なくてもいいのです。営業パーソンがこういって、「へぇ、そうなんだ」「そのドラマ知ってる。すごいね」とお客様が返してくれるだけで十分です。脳の思考プログラムを変えるには「インパクト×回数」を意識することが大事です。少しでもインパクトのある刺激を提供することで、「そんな人気ドラマにも利用されるぐらいの家具を扱ってるんだ」と認識を改めてくれるだけでいいのです。

ところが、そのクライアント企業の営業パーソンたちは、情報を正しく把握していなかったため、販促に役立てることができませんでした。

パブリシティは絶好の機会

新聞やラジオなども自社の広告ではなく、取材された記事（パブリシティ）なら、アピール材料として徹底して活用しましょう。第三者を介した情報、噂話のほうが、直接いわれるよりも効果が大きくなるという心理効果を「ウィンザー効果」と呼びます（※ミステリー小説『伯爵夫人はスパイ』に登場するウィンザー伯爵夫人が、「第三者の誉め言葉がどんなときにも一番効果があるのよ、忘れないでね」といったのが由来とされています）。

お金をかけた広告よりも、パブリシティのほうがはるかに効果が高いわけですし、めったにあることではないので、たとえば、次のように知らせるだけでも効果があります。

「今日の日経新聞に当社の記事が載りました。新しく立ち上げた事業が地域活性化に寄与するということで、取材されまして」
「当社のサービスが働く女性のあいだで話題になっているそうで、このたび雑誌に取り上げられました」

129

ホームページやセールスレターに記載するのは当然のことながら、営業パーソンも常に意識するようにします。全社を挙げてお客様へ伝える努力が必要です。

連携できていないと信頼を落とす

　会社と営業パーソンが連携できていないと、お客様の信頼を落とすことにもつながります。「最近、テレビCMが変わりましたね」「雑誌に御社の商品が紹介されてましたよ」とお客様にいわれて、「え、そうですか。知りませんでした」と営業パーソンが答えたら、「自社のことに関心がないのか……大丈夫なのかな」と受け止めるお客様もいます。

　誰からも指摘されなくても、必ず会社の動きは意識しておきましょう。お客様と話す格好のネタになるわけですから。

5-3 お問合わせを増やすテクニック

「インパクトのあるものを、シンプルに」発信する

第5章 営業の販促ツール

シンプル・アンド・インパクト

　ホームページでも、チラシでも、パンフレットでも、反応率を上げて問合わせ件数を増やすためには、相手のワーキングメモリー（短期記憶／情報を処理するために常に格納しておく作業記憶装置）に常駐させる必要があります。そのためには、「シンプル・アンド・インパクト（インパクトの強い商品やサービスをシンプルに伝える）」なネーミング、キャッチフレーズを心がけましょう。

　「口コミ」や「紹介」で広めたい商品やお店のセールスポイントが、「インパクトの強いもの」であれば、多くの人の心に残ります。仮にインパクトが弱くても、何度も何度も繰り返し接触させることで、人々の「ワーキングメモリ」に刷り込むことができます。このとき、「口コミ」で誰かに伝えられるように、覚えやすいシンプルなキャッチコピーだと効果的です。

　私がスローガンとして掲げている「絶対達成」というキーワードも、シンプルな語彙を組み合わせただけです。複雑な表現技法を駆使しているわけではありません。「覚えやすくて、記憶に残る」ようなので、「目標がなかなか達成しない」「営業管理がうまくいかない」といった問題を抱える企業に対して、私が、「目標は絶対に達成できる」「目標を達成するのは、当たり前」と断言することによって、お客様は、「絶対達成とは、どういうことか？」「そんなことが本当に可能なのか」と関心を持ち、何かのきっかけで「一度、問合わせてみようか」と思ってくださいます。

　一方、「絶対達成」というキーワードは強いため、そこまで本気になれない方には敬遠されます。つまりインパクトのあるネーミングが、お客様をフィルタリングする効果もあわせ持つということです。当社の対象とならないようなお客様からお問合わせをいただくことは、双方にとってメリ

131

ットはありません。

　たとえば、草野球チームで「中継ぎ投手がほしい」というオーダーがあるのに、「投手を募集」というフレーズで募集したら、「中継ぎを希望しない選手」まで応募してくることでしょう。面談のときに「現在、チームに必要なのは中継ぎだ」といわれたら、「それならそれで募集するときに明記してほしい」と誰もが思うはずです。

　いろいろな方に興味を持ってもらいたいと、欲張って考えれば考えるほどインパクトが弱くなり、お客様の印象に残らなくなります。そのため、キャッチコピーは営業戦略から逆算して考えていく必要があります。

シンプルでインパクトのあるスローガン

お客様A

シンプルなキーワードがささる
「絶対達成とは、どういうことか？」
「そんなことが本当に可能なのか」
「一度、問い合わせてみようか」

絶対達成

お客様の悩み
「目標がなかなか達成しない」
「営業管理がうまくいかない」

お客様B

響きが強過ぎると感じる
「そこまでじゃないんだよな……」
「ウチはそこそこできればいい」

インパクトのあるネーミングは、
訴求力があるだけでなく、
お客様をフィルタリングする効果もあわせ持つ

アクセシビリティを意識する

　「インパクトのある商品をシンプルに伝える販促ツール」をつくった結果、それを見たお客様が「問合わせをしてみよう」と思ったとします。しかし、アクセシビリティ（アクセスのしやすさ、問合わせのしやすさ）が

悪く、問合わせをするまでに時間がかかってしまうと、お客様の関心度はすぐさま低下します。

　たとえば、販促チラシに、「売上アップ名刺に関するお問合わせは、『http://xxxxxxxxx.jp/』までアクセスしてください」と書かれていた場合と、「『売上アップ　名刺』でクリック」と書かれていた場合では、アクセシビリティに優れているのは、後者（「『売上アップ　名刺』でクリック」）です。お客様が直接URLを打ち込むのは手間がかかるからです。

　せっかくホームページをつくっても、「検索しても出てこない」ようでは意味がありませんし、すぐに見つかる場所にお問合わせページがなければ、お問合わせページへのアクセスは増えません。

販促チラシのアクセシビリティ

リアルのアクセシビリティ

　ネットの世界のみならず、リアルのアクセシビリティも非常に重要です。たとえばお店のラックにチラシが設置されていても、お客様の手にとられていなければ意味がありません。

　また、「設置されたチラシが1週間でどれくらい減ったか」といった、ざっくりとした数字で管理するだけでなく、「どのようなお客様に、どのようなチラシがわたっているか」といった属性ごとの解析も行ないましょう。

見やすい場所にチラシを置くのは大事ですが、それだけでは単なる気休めになり、機能しません。一番いいのはお客様の属性、興味関心、タイミングに合わせて、営業パーソンがお客様に直接声をかけ、手にとって見ていただくことです。5ページのパンフレットであれば、お客様が関心を示しそうなページを開いて説明することが大事です。

　これはセミナーや商品説明会などでも同じです。セミナー会場では、机の上にただチラシが置かれてある場合が多くあります。ひどい場合は封筒に入っているだけということもあります。お客様が持ち帰りやすいようにしているのでしょうが、これではお客様に見てもらえません。
　大事なことは、お客様がそこにアクセスするかどうかです。アクセスのしやすさ（アクセシビリティ）で考えると、セミナー、勉強会、商品サービス説明会の最中は、話しているなかで、「いましゃべっていることはこのチラシに書かれています」「チラシを手にとり、見てもらえますか？」と、お客様に促すことが大事です。

販促ツールの絞り込み

　販促ツールを増やしすぎると、逆効果になることがあります。アピールしたい気持ちはわかりますが、3枚も4枚も一度にチラシをわたすと、お客様が何を見ていいのかわからなくなります。ノイズが増えると、本当に確認してもらいたい情報へのアクセシビリティが悪くなるのです。とりあえずいろいろなチラシを見せて、どの商品に関心を示すか反応を見ようという発想はやめましょう。

　もしも相手のニーズがわからないのであれば、基本に立ち返り、正しくお客様を知ることが先決です。お客様を知り、何がお客様の利益を支援することになるのかを確認してから、チラシなど、お客様に合った販促ツールを絞り込んで提供します。

組織内の動線を意識する

　販促ツールのアクセシビリティを考えたとき、組織内で動線がつながっていることが重要です。たとえば、以前に配布したチラシを見たお客様から問合わせがあった際、初動で誰が対応すべきなのか、誰に報告すべきなのかを組織で決めておくべきです。インバウンドのコールセンターがあれば、過去のデータベースから顧客履歴を抽出し、「すぐに○○課の営業に連絡しないといけない」などとわかります。もし新規の問合わせの場合なら、新規専門部隊にアクセスしてもらうなどの細かいルールを徹底させます。

　また、動線は定期的に見直すべきです。いろいろな媒体を使うケースがあるので、組織全体で、常に変化を見ておきましょう。動線を見直すタイミングは、「商品ラインナップが増えた」「組織体制が変わった」ときなどです。

135

メーカーと代理店との関係

メーカーは代理店、小売店、エンドユーザーと関係を維持する

直販と代理店販売

　メーカーがエンドユーザー（消費者）に商品を販売する場合、販売経路は主に「直販」と「代理店販売」があります。

　生命保険、携帯電話、自動車など、代理店をとおして販売する場合は、「メーカー → 販売代理店 → エンドユーザー」といった販売経路になります。

　このように、メーカーが販売代理店を経由している場合、メーカーにとってのお客様は「エンドユーザー」というより「販売代理店」がお客様という認識になりがちです。この認識はあながち間違いではありません。たとえば、保険の販売代理店などは、完全専売の販売代理店ではないかぎり、A社の保険も、B社の保険も、C社の保険も扱っている場合があります。

　メーカーは販売代理店に対して、「他社の商品よりも、自社の商品を優先的に販売してほしい」「うちの会社を贔屓(ひいき)にしてほしい」と考えるため、販売代理店の担当者（営業パーソン）との信頼関係を構築することをまずめざします。

　マージンや手数料で他メーカーより優位に立とうとしても、他社に追随されるなどして、持続的な効力は期待できません。また、たとえ専売であっても「代理店はお客様」という認識を持ち、関係を正しく維持する努力が必要です。同じ販売する側だからといって、代理店に期待しすぎたり、間違っても圧力をかけたりするようなことはしてはいけません。

意識すべきは最終顧客（エンドユーザー）

　一方で、代理店に任せすぎるのも問題です。しっかり関係性を築いたうえで、本当のお客様である最終顧客（エンドユーザー）との接点を探りま

す。代理店のほうがエンドユーザーに近いため、ついつい代理店の声を信用してしまいがちですが、エンドユーザーが本当に望んでいるものは何なのかは、忘れずに意識していきましょう。

お客様のニーズは移り変わっていくものです。どんなに見栄えのいいホームページやチラシ、パンフレットを製作しても、メーカーがつくる販促ツールが市場心理を反映していないのであれば意味がありません。代理店との関係性を維持しながら、エンドユーザーとの接点を持つことです。代理店を飛び越えてエンドユーザーと接触することもありえます。

また、食品メーカーなど、仕入れ、卸、問屋などを仲介する場合は、「メーカー → 卸業者、問屋 → 小売店 → エンドユーザー」といった取引関係になります。

このケースでも、営業パーソンの多くは、「卸業者、問屋」を中心に営業活動をしますが、「卸業者、問屋」に依存しすぎず、「小売店」との関係も強めておく必要があります。「卸業者、問屋」に営業力がなかったり、倒産してしまったりしたら、大きなリスクがあります。どうしても、「卸業者、問屋」を飛び越えることができないのであれば、「直接お客様の声を聴いて、販促ツールを見直したい」などといって「卸業者、問屋」と一緒に小売店を訪問します。

メーカーと小売店との揺るぎない関係を築いておくことも重要です。

137

販促イベントを取り入れる

イベントの企画は会社任せにしない

販促イベントを効果的に活用する

　会社で何らかの販促のためのイベント、プロモーション活動があれば、営業は必ず頭に入れておきましょう。128ページ「4大広告との連動性」で書いたことと同じ意味合いです。

　展示会やセミナー、カンファレンス、シンポジウム……など、お客様が当社のどのようなイベントに参加する（した）のか、その情報はSFAやCRM（206ページ参照）などを効果的に活用し、必ず押さえておきます。アンケート情報などがあれば、なおさらです。お客様と接点を持つときに、重要な情報として生きるからです。

　たとえお客様がイベントに参加しなくても、それを伝えることでお客様との接点ができるネタにすることができます。自社の取り組みを知ってもらうきっかけにもなります。そのため、「このお客様は販促イベントに興味はないだろう」「距離が遠いため、参加はしないだろう」と思ったとしても、「当社はこういうものに力を入れている」ということを、相手に伝えることは意味があるので、営業パーソンは積極的にやっていきましょう。

求められる連携プレー

　たとえば、展示会に自分のお客様が参加されると事前に情報をつかんでいるのであれば、当日の対応準備ができます。受付に「A社のX部長が来たら、連絡してください」と伝えておきます。

　もしも営業パーソン自身が展示会に参加できない場合、お客様には事前に連絡をして、「展示会では弊社のこうした点を見ていただきたいのですが、当日はお会いできず残念です」などのコンタクトをとります。もしくは「別の営業が対応しますので、ご安心ください」などと伝えます。

展示会が終わったら、会場で担当した者にお客様の様子をヒアリングして、電話やメールなどでフォローの連絡をします。組織の連携プレーを心がけましょう。

集合型イベントのメリット

展示会や博覧会のような、出入り自由のイベントよりも、一定の時間、同じ空間に同じ人だけが集合するセミナー、カンファレンスのようなイベントのほうが、お客様をその気にさせるには効果的です。「集団同調性バイアス」にかけることができるからです。集団同調性バイアスとは、「自分以外の大勢の人に合わせよう」とする心理効果のことです。

たとえば、人の少ない遊園地は楽しいと思えませんが、たくさん人がいて華やかでにぎやかだと楽しさが倍増します。コンサートでもそうです。みんなが盛り上がっていると、無意識のうちに自分も盛り上がってしまいます。そして、会場のグッズ売り場でみんなが並んで買っていると、自分

もほしくなったりします。多くの人が同じような行動をとっていると、感化される人が増えるのです。それが、集団同調性バイアスのかかった状態です。

　人は、集団と同じ行動をとりたがる性質を持っているため、参加者の多くが商品の購入を決めると、自分も「買わないと損をするのではないか」「みんなも買っているのだから、自分も買うのが正しい」と周囲の影響を受け、その場で購入に踏み切るようになります。
　たとえば健康食品の販売をする際、その商品に関心を持つ多くの人が50人、120人とセミナー会場に集まっていて、セミナー講師の言葉に感化され、その場で次々と購入を決める人たちがまわりにいたら、それほど興味がなかった人まで手にとってしまうものです。

集合型イベントの課題

　ただし、参加者が「決裁権者」でないと、直接的な購入（契約）にまでは至らないことがあります。たとえば、塾の説明会の決裁権者でイメージしてみてください。説明会に、実際に通うことになる子どもばかりを集めても、入塾してくれる人が増えるかどうかはわかりません。やはり、決裁権のある親に来てもらわねば意味がないからです。
　販促イベントは、お金も労力も時間もかかることなので、目的を明確にして、目的に沿ったイベントをすることが大切です。目的はAIDMAの切り口で考えてみるとわかりやすいでしょう。お客様に商品を知ってもらうことだったり、興味を持ってもらったりすることなのか。それとも、できれは契約に結びつけるための、最後の一押しのイベントなのかなどを考えましょう。これは、販促イベントを企画する段階で、はっきりさせておく必要があります。
　販促イベントを企画・運営する部署が異なっても、営業パーソンが積極的に介入すべきです。お客様サイドからしたら、同じ会社なのですから。

140

営業活動にメリハリを

　営業パーソンの定期的な接触に加え、販促イベントや展示会をお客様にご案内すると、営業活動に緩急がつきます。たとえば当社の場合なら、法改正などのタイミングで、税務顧問先（経営者・経理担当者）を集めた「税制対策セミナー」などを開催しています。税務顧問先の決裁権者に対して、直接、情報を提供することができるため、新しい仕事につながりやすくなるからです。

　イベントの企画・開催は、会社任せにしないで、常に連携をとりましょう。受け身にならず、営業パーソンのほうから「このようなイベントをこの時期にしてほしい」など、提案していくことが大切です。

営業の戦略

マーケティングと営業の違い

マーケティングは「戦略」を、営業は「戦術」を考える

営業の「戦略」とは何か？

　戦略とは、「戦わずして勝つ」ことです。戦術は「戦う術」と書きますが、戦略は「戦うを略す」と書きます。戦略の精度が高ければ高いほど、それほど労せず目標を達成しやすくなる——とはよくいわれることです。

　戦略と戦術では、圧倒的に戦略のほうが大事です。その大事な戦略を、営業パーソン個人に考えさせてはいけません。戦略は会社全体で決めるのが基本です。にもかかわらず、多くの会社に、正しい営業戦略がありません。あったとしても、非常に抽象的になっています。社長に聞いても、営業部の部長に聞いても、課長に聞いても、営業企画室の室長に聞いても、同じ答えが返ってこなければならないのに、曖昧にしか答えられなかったり、バラバラな答えを返してきたりする会社はあまりにも多いのです。

「当社が中期経営計画を達成させるために立てた営業戦略は、新しい販売チャネルを開拓するということです」

　このように堂々と話す営業マネジャーがいますが、「方針」を戦略と取り違えてはいけません。
「販売チャネルを開拓しながらやっていく」——というのは、目標を達成させるための方向性の話です。つまり、方針のことです。サッカーチームの新しい監督が、「私は規律を重んじるから、個人プレーに走る選手は試合に出られないと思え」といったとします。これは監督が方針を発表したのであって、試合に勝つための戦略について語ったのではないことに近いです。

どのような方向性で営業活動をするのかは打ち出しても、どのような金額の、どのような商品を、どのようなお客様に、どのような方法で営業するのか、具体的な策がない会社が多いのが現実です（※具体的な策とは、もちろん客観的な数字で表現された策でなければなりません）。

戦略は会社が決めるもの

　戦略が抽象的だと、最前線で戦っている営業パーソンの負担が大きくなります。戦争でたとえると、それぞれの前線の兵隊がどう戦うかを、その都度考えながらやっている、ということと同じです。たとえ個人で完結する営業スタイルであったとしても、組織で方針、戦略を決めて、個々の営業パーソンが営業活動をしたほうが生産性が高まることは、統計上明らかです。戦略は明確に決めましょう。

　営業戦略は、マーケティングの思想から考えることをおすすめします。第1章でも紹介しましたが、アメリカのマーケティング学者、ジェローム・マッカーシーの「マーケティング・ミックス」の考え方に沿うとわかりやすくなります。それは、「プロダクト、プライス、プレイス、プロモーション」の「4P」で表現されています（25ページ参照）。どのお客様に対してどのような金額で、どの商品をどのような金額で、どういうやり方で販売していくのか、そう考えると整理しやすくなります。

　戦略は会社全体で決め、定期的に見直すのが理想です。見直すタイミングは年に2回程度がいいでしょう。戦略は一度決めたら、半年間以上は基本構想を変更しないことです。そのため、戦略は時間をかけて細かい部分まで決めることが大事です。業務の片手間で策定するものではなく、2日や3日ぐらい時間をかけ、然るべきメンバーが集中してつくり上げることが望ましい姿です。

マーケティング・リーダーシップ・マネジメント

　ここで私が以前から構想を抱いている、「マーケティング・リーダーシップ・マネジメント（略して「MLM」）」について解説します。MLMは、「マーケティング戦略をつかさどるセクションが、強いリーダーシップを

145

発揮して、営業マネジメント全体を指揮する」という組織マネジメント形態をあらわします。

　営業マネジメント全体を考えた場合、「マーケティング」と「営業」をそれぞれ独立したセクションとして設置し、それぞれのセクションのやるべきことを明確化し、それに専念すべきだと私は考えています。

- **マーケティングセクション**
　……「どのお客様に対して、どの商品を、いくらで、どのように、売っていくか」という「戦略」と「行動計画」を策定するセクション。情報通信技術によってリアルタイムに現場の状況変化を受け取り、行動計画を随時メンテナンスする。
- **営業セクション**
　……策定された戦略・行動計画どおりに日々活動し、お客様に適した「戦術」をその都度選択して成果を出すセクション。自分の過去体験やフィーリングに頼るのではなく、リアルタイムに変化するデータをマーケティングセクションから受けとり、行動や戦術を修正し続ける。

「戦略」と「戦術」

　ＭＬＭの構想においては、マーケティングセクションは「戦略」を、営業セクションは「戦術」を担います。

- **戦略**
　……どういった商品をつくり、どのような価格で、どのように販売していくかといった、目標を達成するための計画やシナリオ。戦略は、マーケティングセクションが決める。
- **戦術**
　……戦略を実施するための（目標を達成するための）、個々のお客様に対してどう関係を構築するか、どのような販促ツールを用い、どのような話し方を選択すべきか。戦術は技術ともとらえられるの

で、トレーニングによって身につけるべきものが多い。具体的な手段や売り方。戦術は、営業セクション（個々の営業パーソン）が決める。

「マーケティング」と「営業」を切り離す理由は、現場の営業パーソンの、目標達成に対する「責任負担（売上に貢献するための営業活動）」と「創造負担（マーケティングの策定）」があまりに大きいことが挙げられます。多くの企業で、営業パーソンが戦略も戦術も、両方考えているのが現状です。どのお客様にどのような商品をいくらで提案するのか、たとえ会社の方針があったとしても、厳密には営業パーソン個人の自由裁量で決まります。

そのため営業会議でマネジャーが、部下の営業パーソンに「いま、どのお客様へアプローチしているのか」「どんな提案をしているのか」「どれくらいの金額が、いつ決まりそうなのか」を毎回ヒアリングすることになります。詳しくは後述しますが、営業マネジャーは、営業組織のマネジメントをすることが最大の役割です。にもかかわらず、組織メンバーに「何のために、どこへ行って、何を提案しているのか」をいちいち質問しなければわからない状態であれば、正しくマネジメントサイクルをまわすことはできません。

結果的に、個々の営業パーソンが自分で決めて、自分のペースで実践するので、結果が出ない場合、営業パーソン本人の責任と見られることが多々あります。

組織という言葉の定義から考えると、組織の方針や戦略に従わない営業パーソンがいる場合は、組織ではなく「個々の営業パーソンが集まっただけの集団」になっていると認識しましょう。これは組織ではなく、単なる「集団」にすぎないということです。方針も戦略も決まっていないのであれば、営業パーソンの成績にバラつきが出て当然です。このような個人の力に頼りすぎるのが、日本の営業組織の根本的な問題です。

この「組織」ということについて、美容院で使用するものを例にするとわかりやすいかもしれません。美容院で日々使用するシャンプーや育毛剤、

147

ヘアカラーなど、お店のブランドや経営方針によって取り扱われているものが決まっています。発注時にスタッフの意向は聞くかもしれませんが、会社の戦略をもとに、商品ラインナップやプロモーションのやり方、販売価格などが決められています。それにもかかわらず、同じ商品を取り扱っても、販売するスタッフによって売れ行きが異なるのは、お客様と関係を構築し、ニーズを探り、どのタイミングでどのように提案するのか、スタッフ自身が「戦術」を考えているからです。

このように、一般企業の営業パーソンも、戦略と戦術の概念を切り分け、誰が戦略を決めるのか、誰が戦術を決めるのかを考え、トレーニングによって何を身につけるのか考えることが大事です。

営業はマーケティングが立てた戦略に従う

マーケティングセクションと営業セクションを独立させた場合、営業セクションは、属人的な営業スタイルをやめ、マーケティングセクションが策定した戦略（行動スケジュール）に従って行動します。

営業パーソンは、「マーケティングセクションの戦略どおりに動く」ことが基本です。戦略どおりに動くというと、「営業パーソンの自主性や創造性が失われるのではないか」と思われるかもしれませんが、そうではありません。「相手によって、どのように話し方を変えればいいのか」「相手との信頼関係をつくるには、どのような接し方をすればいいのか」といったコミュニケーションの局面では、営業パーソンの個人力、創造性、戦術が問われるからです。

チームスポーツである野球やサッカー、バレーボールなどはもちろんのこと、ボクシングやテニスのような個人競技でも、チームで戦うのが現在の主流です。監督やコーチは常に対戦相手や、選手のコンディションなどをデータで管理し、戦略を立てます。そして選手はその戦略をもとに戦います。とはいえ、いったん試合がはじまったら、その都度その都度のプレーの選択は選手に委ねます。戦略があることで自由度が減るかというと、そんなことは一切ありません。戦略は、選手が勝つ確率を高めるために不可欠です。それは営業活動でも同じです。

営業戦略はプロダクトアウト

営業プロセスにおいては「プロダクトアウト」が正しい

「プロダクトアウト」と「マーケットイン」

商品やサービスが生み出されるプロセスとして、「プロダクトアウト」と「マーケットイン」という2つの考え方があります。

- **プロダクトアウト**
  ……製品主義。提供側からの発想で商品開発・生産・販売といった活動を行なうこと。
- **マーケットイン**
  ……市場主義。市場や購買者という買い手の立場に立って、買い手が必要とするものを提供すること。

一般的には商品展開を考えるうえでは、「プロダクトアウトより、マーケットインが正しい」と考えられています。しかし、私は微妙に違う立場を取っています。「お客様のニーズを聞いて、お客様のニーズに応える」のは、口でいうほど簡単ではないからです。

マーケットインは、お客様の真のニーズを理解し、そのニーズに沿った提案をする営業スタイルです。ですが、お客様の求めている要望を聞いたとしても、そのとおりの商材を用意できるとはかぎりません。

売る商品を、お客様に合わせてその都度カスタマイズできるわけではないため、相手のニーズを聞けたとしても、結局は売る側にとって都合のいい商品を提案することになります。

マーケットインの発想が必要なのは、商品開発のプロセスです。商品開発は、お客様のニーズを正しく調査・分析することからスタートするのが

基本です。当社が対象とするお客様の属性を決め、そのお客様が必要とする商品を取りそろえておく。その後、営業がお客様のニーズによってそろえた商材から選んで提案するものです。

　ゼロから会社を立ち上げる、もしくはまったく新しい事業をはじめるステージのときならともかく、すでにある物をどのように販売するかが営業戦略であるため、プロダクト先行のスタイルになるのは当然です。

プロダクトアウトだから、顧客戦略を意識する

　愛媛県松山市に、有限会社オルソ本田という会社があります。この会社は、義肢・車椅子・補助杖・座位保持装置などを製作・販売する会社です。義肢装具は、装着者に合わせて製作する必要があるため、既製品ではなく、オーダーメイドで対応します。

　とはいえ、プロダクトの幅が決まっているため、対応できるお客様のニーズにも限界があります。たとえば、車椅子と一緒に自分の足に合った「リハビリ靴」がほしいといったら、対応できるかというと対応できません。たとえお客様のニーズがあるとしても。リハビリ靴が必要であれば、香川県さぬき市にある徳武産業に頼んだほうがいいかもしれません。他社がオーダーメイドでリハビリ用の靴をつくってくれます。それゆえ、この会社は、自社でできる範囲のオーダーメイドという、いわばプロダクトアウトの戦略によって成長し続けています。

　商品を新たに開発することは、リスクを伴うことです。したがって、まずは自社の商品を、「この金額で購入してくれるお客様は誰なのか」「どこにいるのか」を考えるのが営業戦略の基本です。

　お客様のニーズを聞くことは当然なのですが、「当社が取り扱う商品のニーズがあるお客様」を探すことが大前提なのです。

　常に既存のお客様とばかり取引をしていると、この感覚が鈍ってきます。だからこそ、新規のお客様開拓は常時営業活動に取り入れていく必要があるのです。

150

6-3 顧客戦略よりも優先すべきエリア戦略

移動エリアと移動ルールを管理して、接触回数を増やす

お客様との接触回数を最大化させる

営業とは、第1章の定義に書いたとおり「お客様の利益を支援し、その正当な対価をいただく」仕事のことです。お客様の利益を支援するにはお客様を知る必要があり、そのためには「信頼関係を構築」しなくてはなりません。

お客様と「信頼関係を構築」するには、まず単純接触する回数を増やす必要があります（単純接触効果）。電話やメールなどよりも、面と向かって会う接触がはるかに関係を構築できるため、営業パーソンは、「外に出て営業活動をする時間」を一定量確保することが大事です。

社外の時間を可視化する

社外にいる時間

接触時間

移動時間

かぎられたエリア、かぎられた時間のなかで接触回数を最大化するには「移動時間」をいかに減らすかが戦略上とても重要

営業活動のなかでどれくらい「移動時間」が占めているかを計測し、お客様との関係構築をはかるための「接触時間」を増やす

社外にいる時間は、大きく2つに分けられます。お客様と一緒にいる「接触時間」と、お客様のところに向かう「移動時間」です。とくにエリアが割り当てられた営業スタイルであれば、かぎられたエリア、かぎられた時間のなかで、接触回数を最大化するには「移動時間」をいかに減らすかが、実は戦略上とても重要です。

お客様とのリアルの接触回数を減らせば、簡単に移動時間を減らすことはできますが、前述したとおり関係構築をはかるためには、接触を減らすどころか増やすことを考えるべきです。

1か月あたりの営業パーソンの労働時間のうち、どれくらい移動時間で占められているかを計測しましょう。お客様への訪問計画を立てる際、エリア全体を俯瞰して考えるうえで重要な指標になるからです。

フィールドタイムをルール化する

かぎられた時間のなかで生産性の高い営業活動をするのなら、「何時から何時まで、外で営業活動をしているのか」をあらわすフィールドタイムを設定し、固定化するという方法があります。このフィールドタイムは個人ではなく、組織全体で決めてもいいでしょう。

たとえば、勤務時間が「9時から18時まで」なら、「10時から16時まではフィールドタイム」と決め、「10時には全員会社を出る」「16時以前に会社に戻ってきてはいけない」と組織でルール化しておくのです。

クラシカルなやり方ですが、とくにエリア戦略を重視する営業活動では、現代でも有効な方法です。地図をオフィスの壁に貼って、どのルートでまわるのが一番効率がいいのか、目で見えるようにしておくのも効果的です。タブレット端末の地図アプリをインストールし、定番ルートを覚えさせるという方法もあります。

具体的な商談を前に進めるときは、個々の営業パーソンごとに創造的な動きをしてもいいですが、お客様との関係を構築するプロセスにおいては、組織的に動くことが営業の基本です。

152

工場の稼働率にたとえる

　計画を立てず、自分のペースでお客様に合わせて訪問活動を続けると、移動時間、訪問時間を短縮できず、営業の生産性が極めて悪くなります。工場では稼働率を重視して、機械が動いていない時間をどれくらい減らすかを、工場長は常に意識して改善を繰り返しています。それと同じように、営業活動の生産性を上げるためには、「接触時間」「移動時間」、この２つをできるかぎり短くするよう、日々お客様と調整しながらルート改善していくのです。フィールドタイムが固定化していると、結果的にお客様との接触量が最大化します。

　重要な商談をのぞいて、営業がお客様のところに滞在する時間はあまり長くないほうが望ましいといえます。相手と信頼関係を構築するプロセスにおいては、単純接触が基本だからです。

　とはいえ、相手がある以上、滞在時間をコントロールできないこともあります。ですが、移動時間は「移動エリア」と「ルート管理」によってコントロールできるので、エリア戦略では「移動時間をコントロールする」ことが肝心です。くれぐれも、行き当たりばったりの訪問はしないようにしましょう。

モバイルツールを活用する

　現在では、モバイル端末やビジネスアプリが充実しているので、お客様から急な対応を求められても、オフィスに戻らず、移動中に対応できることも多くあります。電話やメール、添付ファイルの閲覧などは、パソコンがなくてもスマートフォンを活用するだけで十分にできます。

　資料作成をしなければならない用件ができても、オフィスに戻らなくてもいいように、社内スタッフや社内システムとの連携も考えていきましょう。

　営業パーソン自身の資料やメール作成の処理時間が、近年激増しています。このデスクワークの負担がお客様との接触量を減らし、時間外労働を

増やすことにつながっています。組織全体で営業の生産性を上げていくために、営業アシスタントや営業部をバックアップする部署との連携をしっかりやっていきましょう。繰り返しますが、現代は、営業パーソン個人の力以上に、組織力が問われる時代なのです。

値引きを要求されないプライス戦略

営業パーソンは基本的に値引きをしてはいけない

値引きを要求するお客様と接しない

　お客様の営業現場でコンサルティングをしていて「残念だ」と感じることがあります。その最たるものは、営業パーソンが、「商品の価格を安くすれば売れる」「商品の価格を安くしなければ売れない」と思い込み、安易に値引きをしようとすることです。

　「見積もりの段階になってライバル会社に負けるのは、価格に問題があるからだ」と主張する営業パーソンもいますが、視点が間違っています。誰に売るか、何を売るか、いくらで売るか、どんなやり方で売るか……の４つの象限のなかで一番大切なのは、当然のことながら「誰に売るか」です。「お客様」がもっとも大事なファクターである以上、当社の商品に興味関心を持ち、適正価格で購入していただけるお客様を見つけることが、営業パーソンの成績をもっとも左右するプロセスだからです。

　値引きを要求されるのは、お客様と正しく関係構築できていないか、それとも「値引きしなければ売れない」ようなお客様を探してしまった営業パーソン個人の問題であり、商品の価格の責任ではありません。既存のお客様や、引き合い対応ばかりしていると、このような思考パターンになりがちなので、気をつけましょう。

値引きされるのは、営業パーソンの責任

　当然のことながら、お客様が商品を「買おう」と決断する要因は、価格の安さだけではありません。お客様は、品質、価格、納期など、「提案全体」の内容で判断しています（※価格だけを気にするお客様は、いいお客様ではありません。前述したとおり営業戦略を見直す必要があります）。

155

お客様が「値引き」を要求してくるのは、営業パーソン自身が、「お客様の関心を価格に向けさせている」のも理由のひとつでしょう。自社の商品がいかにお客様の利益を支援するのか、その魅力を十分に伝える前から金額の話をしてしまうと、お客様は当然、「値引きがある」と受け止めます。なかには、「値引きできますよ」と営業パーソンから持ちかけることさえあります。値引きを言及しなければならないシチュエーションを、営業パーソン自身がつくってはいけません。

一定額を値引く商慣習がある業界ならともかく、そうでないなら、安易な値引きやそれを匂わせることは、商品そのものの価値を落とします。

お金はデリケートなもの

たとえば、見積もり金額が100万円の商品に対して、営業パーソンが次のようにいって値引きをしたとします。

「通常なら100万円ですが、ご契約をしていただけるのなら10万円値引きをして、90万円にします」

するとお客様は、次のように受け止めてしまいます。

「もともと100万円の価値はなく、90万円の価値しかないのでは？」

営業パーソンのほうから積極的に値引き提案をされた場合、価格に対する信頼性は著しく落ちます。そのため、お客様は商材に対する正しい価値判断ができず、さらに値引きの要求をしたくなるのです。値引きは、一度でも応じてしまうと、通常価格に戻すのが難しくなってしまいます。

お金はデリケートなものです。お金絡みで信用を失ってしまう人がたくさんいます。営業活動は、お客様との信頼のうえに成り立っているので、安易な値引きがお客様からの信頼資産を大きく崩すことになりかねないと肝に銘じましょう。

とにかく前例をつくらないようにすることが肝心です。一度前例をつく

ってしまうと、営業パーソンに値引きをする癖がついてしまいます。「1円たりとも値引きをしない」のが鉄則です。

ある商品の正当な価値が「100万円」だと営業パーソンが認識していれば、お客様から「90万円なら買う」といわれても、「わかりました」とはいえないはずです。

営業の目標は「金額」によって表現されているので、安易に値引きをすると、目標を達成しづらくなります。値引き交渉には基本的に応じない姿勢を持ちましょう。

値引き交渉をされない布石の打ち方

お客様から値引きを要求されないためには、「最初に布石を打っておく」ことも有効な手段です。たとえば、チラシやホームページなどに、「当社は、製品開発の段階でこのような努力を続けているから、この価格にしています」とか、「私どもは適正な価格だと思っています。相手を問わず、一度も値引き交渉に応じたことはありません。なぜなら…………」と値引き交渉に応じない理由を事前にお伝えしておくといいでしょう。

**値引き交渉に応じない理由を伝えるとともに、
事前にチラシやホームページにも明示しておく**

適正価格の意味

　適正価格という表現があります。「適正価格」の意味は、「その商品に適正な価格をつける」という意味ではなく、「価格に適正な商品をつくっている」という意味でとらえたほうがいいというのが、私の考えです。商品が最初にあって価格をつけているのではなく、価格が最初にあり、その価格に見合った商品をつくっている、と考えるのです。そう考えたら、価格を落とすことなどできるはずがありません。

　営業成績は売れた商品価格が積み上がって構成されています。お客様にかける言葉や魅力的な営業トークと同様に、プライシングについても強い関心を持つことです。価格に無頓着ではいけません。

WEB戦略との連動

WEB戦略で大切なのは、リアルな営業との連動

営業戦略におけるWEBの位置づけ

　ホームページやSNSなどを使ったWEBプロモーションは、お客様への認知度を上げる効果が期待できます。しかし、優良なコンテンツを配信し続ける必要があるため、時間的なコストも、経済的なコストもかかります。多くの企業がホームページを開設していますが、まったく情報が更新されておらず、「名刺代わり」で終わっているようでは機能しません。

　SEO対策などをし、訪問者を増やして問合わせや資料請求の件数を増やす方法もありますが、営業の視点からいうと、ホームページはリアルに接点のあるお客様が能動的に訪れる場所としてとらえることが重要です。ホームページは質の高いコンテンツをアップし、メンテナンスし続けることがとても重要です。たとえば、気になるお店に行ったら、まるで掃除もしていない、お店の外観も古めかしい、くたびれている、店内に入っても古い商品しか陳列されていないのであれば、お客様は買う気にならないはずです。どのようにホームページを仕上げるかはともかく、少なくとも常に最新の状態にメンテナンスしておくのです。

　営業パーソンは常に、リアルで接点を持っているお客様が、営業の関知しないところで自社のホームページを調べ、閲覧しているのではないかと念頭に置くことです。そのためホームページに対しても、営業パーソンは関心を寄せ、定期的にチェックしておかないといけません。
　営業が話しているキーワードで検索すると、ちゃんと自社のホームページがヒットするのか。その商品がわかりやすい位置にあり、わかりやすい言葉で表現されているか。そこから問合わせや資料請求のページへのアク

セシビリティが考えられているか。営業パーソンは常に意識を向ける必要があります。ホームページをつくっているのが他の部署でも、必ず部署間の連携をしましょう。

第 **7** 章

営業のマネジメント

「発生型の目標」と「設定型の目標」

発生型の目標は「マスト」、設定型の目標は「ウォンツ」

目標には2種類ある

　マネジメントとは、組織の目標を設定し、その目標を達成するために、経営資源を効率的に分配・活用することを意味します。ここでは、その目標について解説します。

　目標は、基本的に「誰が設定するか」によって2種類に区別されます。「発生型の目標」と「設定型の目標」です。

- **発生型の目標**
  ……「自分」以外の「他人」が設定した目標（会社が設定した目標）。
- **設定型の目標**
  ……「自分」で設定した目標。

　「今期、営業部門として、これくらいの売上を上げなければいけない」といった、自分ではなく、会社や上司が設定した目標が「発生型の目標」です。これは営業の立場でいうと「マスト」です。目標達成に取り組むのは「自分」ですが、その目標は「他人」が設定したものなので、「自分」にとって「発生した」目標という表現をします。

　一方で、「会社でナンバーワンの営業になる」「この商品を業界で一番有名にする」といった、自ら設定した目標が「設定型の目標」です。こちらは「ウォンツ」です。

　営業パーソンの目標は、基本的に「発生型の目標」です。発生型の目標はトップダウンの目標であり、目標を与えられている以上は、「達成する」のが営業パーソンの責務です。会社から目標を与えられたとき、営業パーソンのなかには「目標の数字が高すぎる」「現場の声が反映されていない」

と文句をいいたくなる人もいるでしょう。その場合は、相手の立場に立って考えてみます。相手とは経営者です。経営者の視点で、どうしてその目標になったのか。中期経営計画があるなら、その計画に目をとおします。財務情報が手に入るなら、その情報を参考にします。

考えても理解できない場合は、必ず質問することです。これは、経営の視点が身につくチャンスです。それをせず、「目標を会社から押しつけられるのは嫌だ」「目標が高すぎて納得できない」などと主張しても、多くの場合は受け入れられません。

発生型目標と逆算思考

目標を達成するには、「逆算思考」で考えることです。

> ・逆算思考
> ……あるべき姿（目標）を明確にとらえ、その姿から逆算して戦略を立案し、客観的なデータに基づく事実で行動計画をつくり、その行動をやり切り、達成できるまで改善し続ける思考。

目標から逆算して考えると、「いま何をすべきか」が明確になるので、時間をコントロールできるようになります。

たとえば、「5年後に自分たちの事業を全国展開したい」という目標ならば、「それまでに、どれくらいの規模の会社になっていなければいけないのか」「営業所を、どこに、どれくらいの数をつくらなければいけないのか」「どれだけの人員が必要なのか」「収益をどれだけ確保しないといけないのか」という中長期の経営計画が決まります。目標から逆算し、経営資源の配分を考えるようになるのです。これがマネジメントの本質です。

中長期計画から逆算し、4年目、3年目、2年目、1年目の目標をそれぞれ考え、「それまでに何をしなければいけないのか（どういう状態になっていないといけないのか）」を明らかにしていきます。目標から逆算することで、「今月やるべきこと」「今週やるべきこと」「今日やるべきこと」も明らかになります。

163

設定型目標の立て方

　発生型の目標は経営計画と直結しているため、会社から個人に目標が割り当てられます。一方、設定型の目標は、「自分のキャリアプランを念頭に、自分（上司と）で立てる目標」です。

　自分自身が将来どのようになりたいのか、会社やお客様、社会にどう貢献するか、で考えます。さまざまな経験を積んで、上司などと定期的に話し合い、見直すものです。

　このように、営業のマネジメントを考えるとき、目標には2種類あります。営業パーソンの目標は基本的に発生型なので、会社の事業計画などから逆算して発生します。営業部や個人で設定するものではありません。そのため経営者は、その目標の根拠をきちんと説明すべく、会社のビジョンを伝え、そのための事業計画を達成させるため、どのような経営資源を充当するのかを伝えるのです。説明も十分にせず、数字だけ営業パーソンに伝え、どうやって達成させるのか（経営資源を利用するのか）も、「自分で考えろ」ではいけません。

発生型の目標と、設定型の目標の違い

発生型の目標	設定型の目標
「今期、営業部門として、これくらいの売上を上げなければいけない」 ・経営計画と直結している ・会社から個人に割り当てられる	自分のキャリアプランを念頭に、自分（上司と）で立てる目標 ・自分自身が将来どのようになりたいのか ・会社やお客様、社会にどう貢献するか
 自分ではなく、会社や上司が設定した目標 ＝マスト	 自ら設定した目標 ＝ウォンツ

**営業パーソンの目標は発生型。
会社の事業計画などから逆算して考える**

結果主義とプロセス主義

結果を出せるようになってから、プロセスを考える

結果主義の弊害

　営業目標を達成させるうえでは、いろいろなやり方があります。当然、そのやり方が変われば、マネジメントの発想も異なります。

　営業マネジャーのなかには、「結果も大事だが、プロセスはもっと大事だ」という人もいれば、「どのようなプロセスでもいいから、とにかく結果を出せ！」という人もいます。結果主義とプロセス主義、どちらが大切なのでしょうか。

　高度経済成長期やバブル期は、「結果」が重視される傾向にありました。理由は主に2つあります。

　ひとつは、「ものをつくれば売れる時代」だったことです。1955～1973年まで、日本の実質経済成長率は年平均10％を超え、当時の欧米の2～4倍でした。大量生産、大量消費の社会では、マネジメントをしなくても（どんなプロセスであっても）、結果を出すことができたのです。

　2つ目の理由は、いまの時代ほど、労務規定・就業規則の縛りがなく、長時間労働を厭わない時代の空気があったことです。そのため、「結果を出すまで帰ってくるな！」という精神論、根性論が通用しました。

　しかし、いまの時代は違います。1990年以降、実質経済成長率は低迷しているため、「ものをつくれば売れる」わけではありません。また、営業パーソンのストレス耐性も昔ほど強いとはいえず、「結果が出るまで働け！」という精神論は通用しなくなっています。ものあまりの時代となり、お客様の嗜好も多様化している近年においては、昔のようなやり方では結果を残すことはできません。だからこそ、お客様の言葉に耳を傾けなくてはな

りませんし、より一層の信頼関係が求められるともいえるでしょう。その
ためのマネジメントが求められています。

プロセス至上主義の弊害

　近年では、結果よりもプロセスを重視する考え方が一般的となっていま
す。これは営業に関する書籍の傾向からも読み取れます。過去に売れた営
業の書籍を分析すると、傾向の変化がよくわかります。1980年代〜1995年
ごろまでは、いかにお客様を説得するか、口説くか、「熱血営業」「俺に売
れないものはない」といったタイトルや内容の書籍が多かったのですが、
2000年ごろからそのようなタイトルは徐々になくなり、チームで営業力を
アップするとか、提案営業やコンサルティングセールス、心理学における
アプローチ、営業にデータ分析を取り入れる、というものが多くなりまし
た。このことからもわかるように、昨今は客観的なデータをもとにしたプ
ロセスを重視する傾向が強くなっています。

　プロセスに分解して振り返ることで、同じ過ちを繰り返さないようにな
る可能性が高まります。それに、たまたまうまくいったことの再現性を担
保することができます。

　ただし、プロセスを重視するのはいいのですが、プロセスにばかり意識
を向けるべきではありません。

　「プロセス至上主義の人」とは、プロセスばかりに意識が向き、結果を
出すことへの執念が希薄な人を指します。このような考え方の営業マネジ
ャーは、「結果が出ないのはプロセスの問題であって、私の問題ではない」
といった発想に陥ってしまいがちです。

　当然のことながら、プロセスは大事です。しかし、「決められたプロセ
スさえ守っていればいい」というわけではありません。環境の変化を敏感
にとらえて試行錯誤を繰り返し、絶えずプロセスを見直していくことが大
切です。

　「こういうプロセスで仕事をすれば、これくらいの結果が出るだろう」
と仮説を立て、結果が出るまでは実践する。そして、PDCAサイクルをま

わしながら、設定したプロセスを常にメンテナンスする姿勢が必要です。これは販促ツール、ホームページの箇所に書いたことと同じです。スポーツの試合で勝つのと同じようにチームで話し合い、細かい微調整を繰り返すことが大切です。

　営業という仕事は、ものづくりと違って、結果を出すまでのプロセスに「不確実性」の高い要素が多分に含まれます。プロセスどおりに実践しても、確実に結果が出るということはあり得ません。営業に「勝利の方程式」のようなものはなく、「やらないよりやったほうがいい」ことをいかに愚直に続けるかが求められています。

　決められた営業プロセスに沿いながらも、結果を強く意識して臨機応変に修正を加えることが、営業をマネジメントするうえで求められることです。

167

7-3 気合いと根性のマネジメント

「気合いと根性」は、結果を出すための前提条件である

気合いと根性が必要な理由

「気合いと根性」というと、「時代遅れではないか」「いまの時代は、もっとスマートに、効率よく仕事をしたほうがいいのではないか」という声が聞こえてきそうです。

たしかに「気合いと根性で結果を出す」というのは、時代錯誤を感じさせる表現かもしれません。しかし私は、「気合いと根性がなければ、目標を達成することはできない」と確信しています。なぜなら、「気合いや根性を入れる」ということは、「精神を集中して物事に取り組む」「勢いで打ち込む」ことと同義だからです。

気合いと根性は、「現状維持バイアス」を外すときに必要です。

誰もが、「未知なもの、未体験のものを受け入れず、現状を現状のままにしておきたい」という心理欲求を持っています。この心理欲求のことは「現状維持バイアス」と呼ばれます。前述したとおり、目標を達成するには「逆算思考」が必要なので、これまで意識したことがない市場やチャネル、商材に目を向けて活動しなければならないときが出てきます。過去に体験がないと、「やっても意味がないのでは」「こんなことを続けても本当に結果が出るのだろうか」と迷いが出てくるものです。

このようなとき、結果を出せない営業パーソンは、現状維持バイアスに打ち勝てず、新たなチャレンジができません。

クライアントの営業活動の現場に入ってコンサルティングをしていると、どんなに理屈や理論を並べても、現状維持バイアスを外すことは難しいと感じます。現状維持バイアスを外すためには、「いままでと違ったこと」「い

168

ままで避けてきたこと」「やりたくなかったこと」に慣れることです。このときに必要なのが、「気合い」です。

　前述したように、営業プロセスが完成に近づくことは永遠にありません。これまで通用したやり方が突然通用しなくなることもあります。常に試行錯誤、鍛錬しなければ、安定した営業成績を出すことはできません。

　「頭ではわかってはいるけれど、なかなか体が動かない」ときは、気合いを入れて、気持ちを切り替えることが大切です。

気合いを入れるだけでは、成果は出ない

　もちろん、気合いと根性だけのマネジメントでは、結果を出すことはできません。緩んだ空気を締めるために、「もっと気合いを入れろ！」「根性が足りない！」と自分に言い聞かせたり、部下に指導したりすることもたまには必要ですが、それだけで終わらせてはいけません。スポーツの世界も同じでしょう。それだけでは勝てないのです。プロセスや数字を冷静に、客観的に分析して、「どこに問題があり、どうすれば改善されるのか」を的確に把握し、修正していく必要があります。

　「気合いと根性だけでは結果が出ない」のであって、「気合いと根性があっても結果が出ない」ということではありません。「気合いと根性」は、結果を出すための前提条件です。

現状維持バイアスは気合いと根性で打ち破る

未知の分野を前にすると……

「やっても意味がないのでは」
「こんなことを続けても
　本当に結果が出るのだろうか」

結果を出せない営業パーソンは、現状維持バイアスに打ち勝てず、新たなチャレンジができない

→

「いままでと違ったこと」
「いままで避けてきたこと」
「やりたくなかったこと」
に慣れることが必要になってくる

「気合い」と「根性」で
状況を打破することも大事！

7-4 営業のPDCAサイクル

PDCAサイクルがまわらないのは、「P」に問題がある

目標を行動計画に落とし込む

　営業マネジャーの仕事は、PDCAサイクル（Plan → Do → Check → Act）を効果的にまわすことです。目標から逆算して仮説を立て、計画を立案し、部下に行動させる。そして定期的にチェックして、達成するまで計画案を修正し続ける。これらは決して難しいことではありませんが、多くの会社がPDCAサイクルをまわせないでいます。

　私は、さまざまな会社の営業の現場に入って支援をしてきましたが、そもそも「P（プラン）」の意味を正しく理解していない営業マネジャーが多い、という印象を抱いています。

　あるマネジャーに、「いま立てているプランを教えてください」と聞いたとき、「新規開拓を積極的にやっていくのがこのチームのプランです」という返事が返ってきました。「新規開拓を積極的にやっていく」のは、プランではありません。「心がけ」です。

　プランというのは、具体的な行動計画のことです。たとえば、「新規顧客の開拓をして、売上を1億円増やす」という目標を設定した場合、そこから逆算して、「1億円の売上を増やすためには、新規顧客を何社獲得しなければならないのか」「新規顧客を獲得するために、リストアップしたお客様に対して、どれくらいの接触を繰り返す必要があるのか」「接触を繰り返すために、営業パーソンは何名必要なのか」といった「行動計画」を立てる必要があります。

　マネジメントの定義で書いたとおり、経営資源をどう効果的に配分するのか、それを考えるのがマネジャーの仕事です。営業パーソンという人的リソースの行動をどの時間帯に配分するのか、それが計画（プラン）です。

「P」は、PDCAサイクルの「起点」となる重要なプロセスです。営業目標を達成するためには、正しい目標を立てて、それを具体的な「行動計画」に落とし込む必要があります。PDCAサイクルをうまくまわすことができないのは、行動計画が不明確であり、「営業パーソンが何をしていいかわからない」といったケースがとても多いためだといえます。

計画どおりに行動する

PDCAの「D（Do）」は、行動計画どおりに行ないます。当たり前のことですが、意外とこの当たり前のことが簡単にできないものです。

基本は組織目標があり、その目標から逆算して行動計画を立て、それを個人に割り当てるのが正しい手順です。個人の目標から個人の行動計画をつくるのではありません。それだと、責任が曖昧になります。

営業マネジメントの目的は、組織で目標を達成することです。駅伝にたとえると、チームで優勝するために、それぞれのランナーがそれぞれの区間でどれくらいのタイムで走るかを考えます。したがって、目標は発生型になります。設定型にはなりません。つまり、まずランナーがどれくらいのタイムで走りたいか、ということにはならないのです。

同じように、行動計画は自分で設定するのではなく、組織で考え発生するものです。「D（Do）」はやり切ることが前提です。営業パーソン個人の気分で、「計画は立てたが　実際には行動できなかった」となると、組織全体に影響が及ぶのです。

計画を立てても、営業パーソンがその計画どおりに行動しない……これは多くの営業マネジャーの悩みのタネとなっています。

チェックを定期的に

PDCAの「C（チェック）」は定期的に行ないます。そのときチェックする内容は、必ず事実でとらえるようにします。そのため、基本的にチェック項目を数字に変換する癖をつけましょう。

どれくらいお客様と接触したのか、キーパーソンと会ったのか、どれく

171

らいの数、見積書、提案書を出したのか。それぞれの目標を数字で事前に立てておくことが重要です。そして、実績と照らし合わせ、定期的にチェックします。目標と実績の対比を資料で用意し、定期的に会議などで検証し分析します。

このような検証行動（チェック）は過去の振り返りになりますが、できるかぎり時間をかけないようにしましょう。時間をかけないために数字で検証するともいえます。文章の多い資料を用意したり、口頭での説明もなるべく時間をかけたりしないことが、PDCAを効率的にまわす秘訣です。

改善に時間をかける

先述したとおり、PDCAのC（チェック）にあまり時間をかけないことが大事です。その分、未来につながる「A（アクト・改善）」に時間という経営資源を割り当てます。比率でいうと、Cを3でAを7くらいの配分が望ましいといえます。

A（アクト）はP（プラン）と同じ要領で考えます。組織目標があって、

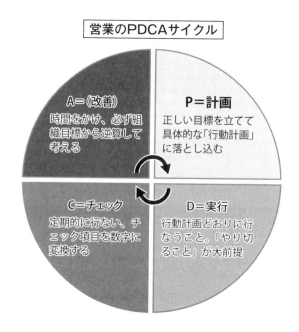

計画があります。その計画の改善案なので、必ず組織目標から逆算して立てるようにしましょう。駅伝でたとえると、ある区間のランナーが思った以上にタイムが伸びなかったら、その分、誰がカバーするのか、どのように計画を修正するのか、ということになります。個人のできるできないではなく、組織全体で経営資源の再配分をすることを念頭に置いて、A（アクト）のアイデアを出していきます。

　ある営業パーソンの商談のコンバージョン率が想定していたよりもよくないのであれば、そのために誰がカバーするのか、他の営業パーソンに成功事例があるならそれを参考に計画を見直すなど、組織全体でいろいろなアイデアを出します。たとえば、営業トークはこうしたほうがお客様の反応がいいとか、販促ツールをABテストしたら、このパターンのほうが効果が高い、などもそうです。

第7章
営業のマネジメント

173

営業会議の進め方

営業会議の9割は削減できる

無駄な会議の特徴

　PDCAのP（プラン）さえ正しく決まれば、定期的に集まる営業会議はそれほど長い時間がかからず、頻繁に開催する必要もありません。チェックすべき事実を数字のみで表現すれば、会議資料もシンプルになります。

　ところが、営業はもちろん、社会全体で生産性の向上が注目されているにもかかわらず、働く人々の時間を奪う無駄な会議は一向になくなりません。いったい、どうすれば無駄な会議をなくすことができるのでしょうか。

　私は『脱会議』（日経BP社）という著書で「会議の9割は削減できる」と解説しました。私が10年以上続けている営業マネジャー研修のなかで、受講者の大半が「無駄会議」と口にした会議のパターンは次の3つです。

①報告だけで終わっている営業会議
②目的がわからない営業会議
③ネクストアクションを決めないまま終わる営業会議

①報告だけで終わっている営業会議
　「報告だけの営業会議」というのは、会議の参加者が1人ずつ現状報告をするだけの会議です。

「今月は1000万円の目標に対して、890万円の着地です」
「110万円ショートしそうですが、何とか来月には挽回したいと思います」
「A建設との商談が決まっていたら、今月は80万円ほど上乗せできたと思いますが、何分、先方の部長が当社のサービスをなかなか理解せず──」

こうした報告が延々と続く営業会議は必要ありません。結果だけの報告ではなく、どのような行動計画があり、その行動を正しくしたのか、行動をしてどのような結果となったのか……事実を数字で表現します。そして、口頭での説明はシンプルにすることが鉄則です。

「報告」だけで終わらず、「計画どおりに進めるためには、組織としてどのようにすればいいのか」というPDCAサイクルの「A」、つまり「改善」についてしっかりと時間を割くことが大事です。

②目的がわからない営業会議

そもそも、何のために営業会議を開いているのか、目的のわからない営業会議がとても多いのも事実です。出席者全員に聞いてみましょう。「これからはじまる営業会議は何のためにやっているのですか」と。全員が同じ回答でないかぎり、「目的がわからない会議」ということです。

会議は営業パーソンが組織的に動くための手段であり、何らかの目的を果たすために行なうはずです。それなのに、多くの場合は「会議をすること」が目的になっています。会議をすることが目的になっていると、「どんな議論をするのか」「どんな情報を共有するのか」「誰を会議に呼ぶのか」が曖昧になります。

目的が明確でない営業会議は、欠席してもさほど問題にならないことが多いです。ということは、そのような営業会議をなくしても、組織目標の達成に支障がないともいえます。

③ネクストアクションを決めないまま終わる営業会議

参加者に報告だけをさせて、最後に「もう月末も近いから、今月も締めていこう」「明日からみんなも、気を抜かずにやっていこう」と声をかけて終わらないようにしましょう。現状を踏まえたうえで、「では、どのようなアクションをとるべきなのか」という指針を明確に示すべきです。参加した全員に、数字を用いたネクストアクションが割り当てられることが理想です。

175

会議を効率よく進めるためのポイント

会議を効率よく進めるために、会議を「事前準備」「会議進行」「事後フォロー」の３つのプロセスに分解して考えます。

- **事前準備**

  ……会議の「目的」は何か？　そのための「目標」は何か？　その目的と目標に合致した「資料」は何か？　その目的と目標に取り組むべき「メンバー」は誰か？　これらを明確にする。

- **会議進行**

  ……会議を進行するうえで、守るべきルールも決めておく。

  （ルールの一例）

  ①冒頭にアジェンダを読み上げ、会議の終了時間とゴールを共有すること

  ②１人１分以内で発言すること（ストップウォッチで計測する）

  ③報告は簡潔に、ネクストアクションの説明に時間をかけること

- **事後フォロー**

  ……会議の最後に、次の会議に向けてどのようにアクションしていくのかを全員で確認する。会議と会議とのあいだの期間に、何もアクションをしないのであれば、会議をやる意味がない

もちろん、会議は必要です。ですが、会議をすることよりも、計画を立て、そのとおりに実行する風土をつくることが先決です。実行力がない組織に、会議は必要ありません。ただ何となく集まり、報告だけして、上司から「それじゃダメだろ」「もっとしっかりやるように」といわれるだけの会議は、貴重な経営資源を奪うだけです。

資料づくりに時間をかけない

営業マネジャーは、会議の資料づくりに時間を費やしてはなりません。営業マネジャーがいるべき場所は「現場」です。近年の営業マネジャーは、

サッカーチームならばパスを供給して、メンバーを動かす司令塔的な役割なので、自らも現場に出て、プレイングマネジャーとして動きまわる必要があります。お客様の状況や市場をはじめとする外部環境は、常に変化しています。現場に出ていかないと、感度が鈍ってしまいます。ときおり、よく知った得意先だけに顔を出すようでは、時代の変化に敏感になることはできません。営業会議や資料づくりは、ここもサッカーでいえば「ハーフタイム」でやるべきことなので、時間をかけないことです。ハーフタイムが長くなると（資料づくりや会議に時間をかけすぎると）、現場に出る時間が短くなってしまいます。

7-6

予材管理とは

「最低でも営業目標を達成」する営業マネジメント手法

「目標達成をめざす」のではなく、「最低でも目標達成する」方法論

　当社アタックス・セールス・アソシエイツでは、2005年から「予材管理」という独自の営業マネジメント手法を提唱しています。ここでは、その予材管理について解説します。

※予材管理については、『最強の経営を実現する「予材管理」のすべて』（日本実業出版社）で詳しく解説しています。

・**予材管理**
　……目標の２倍の「予材（予定材料)」をあらかじめ積み上げ、目標未達成リスクを回避する（最低でも目標を達成させる）営業マネジメント手法。「予材管理」の「予材」とは、予定している材料のことを指す。

　予材管理は、従来型の営業マネジメント手法とは根本的に発想が異なります。予材管理は、「目標達成をめざす」ものではなく、「最低でも目標達成する」ための方法論です。

　たとえば、１年の目標が10億円の場合、「20億円の材料」をあらかじめ積み上げた状態で営業活動を行ないます。目標は10億円でも、20億円分の営業・マーケティング活動をすることになるため、「目標未達成」というリスクをヘッジする可能性が高まります。

　予材管理をするには、目標の２倍の「予材」を積み上げておき、予材の内容や新陳代謝を継続的にマネジメントしていきます。案件管理と間違われることが多いですが、予材とは次のことをいいます。

- あらかじめ用意しておく営業の材料
- 未来の売上になる営業の予定材料

　予材は、①見込み、②仕掛り、③白地の3種類に分けられます。

- **①見込み**
　……具体的なお客様・マーケットから確実に数字を見込める材料（前期に内示をもらっている、決まった時期に毎年受注があるなど）。
- **②仕掛り**
　……具体的なお客様に対し、提案書や見積もりを出し、受注に向けて「仕掛けている」材料のこと（一般的な案件、商談に当たるもの）。
- **③白地**
　………まだ仕掛かっていない真っ白な状態の材料。今期チャレンジしたい材料。

「見込み＋仕掛り＋白地」で目標予算の2倍

　予材管理では、「見込み」と「仕掛り」を合わせて、目標予算の100％をはるかに超えるように設計します。

見込み ＋ 仕掛り ＝ 目標予算の100％以上

　商談の成約率は100％ではないため、リスクに備えて「見込み」と「仕掛り」の合計は、100％を超えておく必要があります。
　「白地」は、今期チャレンジしたい材料です。「お客様が認識していないが、このお客様ならこれくらいの仕事をもらえるのではないか」という仮説を指します。白地を増やすには、お客様と市場を正しく知る必要があります。いつも受け身の姿勢で営業活動をしていると、お客様や市場を理解しようとする習慣が減っていくため、白地をつくる癖がつきません。
　何らかの事情で見込みや仕掛りが急減した場合、「白地」が十分になけ

れば、立て直すことができません。目標未達成リスクが高まります。

　予材管理では、「見込み」「仕掛り」「白地」を合わせて、目標の2倍（200％）の材料を積み上げるのが基本です。

　2倍以上の予材があり、常に予材の新陳代謝を繰り返していけば、いくつかの仕掛りが実績につながらなかった場合でも、目標は達成できるはずです。

予材管理の2つのメリット

　目標の2倍の予材を積み上げて営業活動をすることにより、次の2つのメリットがあります。

【メリット1】リスク分散ができる

　営業活動は、不確実なことが連続に起きることもあります。アテにしていた案件が失注したり、来期にずれ込んだりすることも、よくある出来事です。大口の取引先から価格交渉をされ、売上が急減することもあるかもしれません。しかし、予材管理をすることで、引き合いのあるお客様のみならず、予材ポテンシャルのある複数のお客様に継続的に接点を持ち続けることになるため、リスクの分散ができます。また、明確でシンプルなマネジメントルールによって、全営業が予材のアイデアを持ち寄り、管理するため、個々のスキルに左右されにくく、売上が特定のエリアや人気商品、トップセールスに依存するということがなくなります。

【メリット2】複利効果が得られる

　予材管理をしていると、今期だけでなく、未来の予材も意識するようになります。そのため、中長期的な視点でお客様と接触を続けられます。予材は組織のなかで徐々に積み上がります。予材が正しく資産化されることで、営業の心に余裕や自信ができ、さらに意欲的に行動するという好循環が生まれます。予材資産が蓄積されればされるほど、楽に安定して営業目標が達成できるようになります。

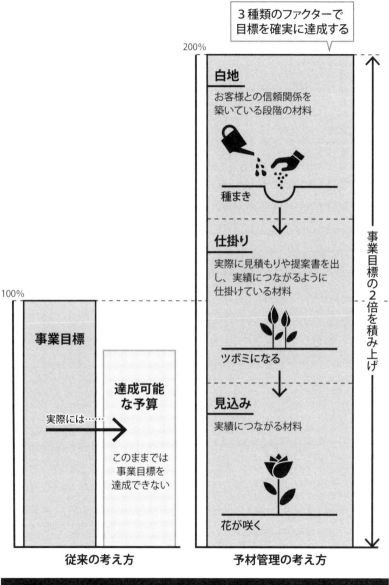

予材管理と案件管理

　予材管理は、一般的な「案件管理（商談管理）」とは異なります。「案件管理」「商談管理」は、すでに発生している案件（商談）の管理であり、お客様の明確な意思表示を伴っています。

　しかし、予材管理は、お客様のポテンシャルを推測した仮説（白地）を含んでいます。「あの会社とは、将来的に取引ができるかもしれない」という仮説が立つのであれば、「予材（白地）」として積み上げます。

　予材管理をするうえで、お客様と接点を持ち、情報収集を繰り返して検証・行動していくことが大事です。

営業の生産性

「営業生産性」の意味

生産性を高める正しい手順を理解する

生産性の本当の意味

　現場でコンサルティングをしているなかではもちろんのこと、ここ最近世の中全体で「生産性」というキーワードをよく耳にします。「長時間労働を是正し、生産性を上げなければならない」「新しい発想で、営業の生産性を高くすべきだ」という意見には、私も賛成です。「多様な働き方ができる職場に変えていかなければならない」と私も思います。しかし、「生産性」という言葉を口にする割には、「生産性」の本当の意味をわかっている人は、少ない気がします。

　生産性とは、「生み出された付加価値と、そこに費やされた資産との比率のこと」です。この比率が高くなった状態を「生産性が高い」と呼びます。生産性を上げるためには、付加価値を増やすか、資産を減らすか、もしくはその両方が必要です。

- **付加価値を増やす**
　……投下する資産を変えずにリターンを増やす、あるいは、投入する資産を増やして付加価値もさらに増やすと、生産性は上がる。
- **資産を減らす**
　……いまの売上であったり、利益の実績は変わらなくても、時間や労力という資産を減らすことができれば、生産性は上がる。すでに期待どおりの付加価値が出ている職場であれば、時間や労力という資産を減らすことで生産性はアップする。

　もし十分な資産を投入してもいないのに「減らす」ことを考えている人

がいたら、それは生産性の意味を履き違えています。

　資産を減らしていいのは、「十分な付加価値がある場合」です。「投入する資産を減らして、リターンを上げること」は簡単ではありません。長時間労働を減らしていい職場は、すでに組織が求めているリターンを得ていることが条件だと考えましょう。結果が出ていない企業で、時間やお金、労力といった資産を減らすと、本当の意味での生産性は上がりません。

生産性向上の正しい手順

　世の中には、さまざまな働き方の形態の会社があります。「残業をほとんどしていない会社」もあれば、「忙しいときだけ残業をする会社」「残業が恒常的になっている会社」「休日出勤が当たり前の会社」もあります。

　目標を達成するには、何事も最低限必要な時間があります。たとえば、社会保険労務士の資格を取得するには、おおよそ「1000時間」の勉強が必要だといわれています。しかし、当然のことながら個人差があり、「800時間」で合格する人もいれば、「1300時間」かかる人もいます。いずれにしても、社労士の資格をとろうとしている人にとって優先すべきことは「勉強時間を短くする」ことではなく、「何時間かかろうが試験に合格する（目標を達成する）」ことです。合格しなければ、自分の場合には、どれくらい勉強すれば合格できるのかがわからないからです。

　物事には順序があります。企業にとっては、「現業を安定化させることが最優先」かもしれません。「短時間で効率よく成果を出す」ことも必要ですが、時間よりも業績に目を向けて、「ある程度の時間がかかっても、一定の基準に達すること」が先決です。まずは、期待どおりのリターンを見届けることが重要で、それができるまでは、お客様との信頼資産のみならず、行動習慣、考える習慣、チャレンジする習慣など、目標を達成するうえでのあらゆる習慣を増やしていくことです。そして、基準に達したあとから（リターンを得たあとから）、「どこに無駄があったのか」を考えるのが、正しい手順といえるでしょう。

185

効率化よりも最適化で考える

　業務を「効率化」して長時間労働を削減していくことは、多くの企業の課題です。ただ、効率化は戦略ではありません。

　「効率化」という言葉は、「削減する」「減らす」という意味として使われがちです。たしかに、労働環境を整えるために労働時間を「減らす」ことは必要ですが、「生産性の向上」には、「減らす」と「増やす（増える）」をセットにして考えます。

　たとえば、「営業パーソンのフィールドタイムにおける仕事のやり方」を見直すのであれば、残業を減らしながらも、お客様との信頼資産を増やすための工夫が必要です。労働時間を減らしたうえに、信頼資産を増やすための接触回数まで減ってしまえば、生産性は下がってしまいます。したがって、「効率化」よりも、「最適化（制約条件があるなかで、成果を最大にすること）」で考えることが重要です。

営業のタイムマネジメント（時間管理）

「時間単位」ではなく「成果単位」で考える

営業にとってもっとも重要なスキル

「営業でもっとも大事なスキルは何か？」と質問されたら、私は迷わず「時間管理スキル」と答えます。これは、ベストセラーを連発する営業研修の講師も、魔術的な天才営業も、一般企業で成績上位の営業パーソンも、ほぼ全員に一致している考えです。

「だらだら」「のろのろ」「ぐずぐず」「ずるずる」と仕事をしている営業パーソンの成績がいいはずがありません。タイムマネジメントをしっかりし、残業や休日出勤といった時間外労働を最小限にすること。そして健康的でエネルギッシュな姿勢が、お客様を魅了するのです。

時間外労働は野球の延長戦と同じ

時間外労働は、野球でいえば「延長戦」のようなものです。残業や休日出勤が習慣になっている人は、「9回裏で決着がつかずに、いつも延長戦に入ることを見越して試合をしているような選手」といえます。このような発想でゲームをしていれば、「試合に勝つ気がないのだろう」といわれてもしかたがありません。

絶対に時間外労働はしない——つまり、絶対に9回で決着をつける——と思って毎日をすごしているか、それとも、時間外労働ありきで業務量を調整しているかでは、タイムマネジメントのやり方は変わってきます。

本当に営業で結果を出す気であるなら、延長戦（時間外労働）を見越した計画など立ててはいけません。「残業ありき」で仕事の計画を立てているかぎり、30分や1時間程度の残業削減はできても、「ワークライフバランスを実現する」といった劇的な変化を起こすことは不可能です。

「時間単位」と「成果単位」

　もし毎日21時、22時くらいまで仕事をしている人が、定時に仕事を終えようとするなら、「時間単位」ではなく「成果単位」、あるいは「やるべきこと単位」で労働を考えていく必要があります。

　たとえば、1か月単位で仕事を考えるのであれば、自分自身の出すべき「成果」から逆算して、行動プランを立てます。そして、時間や人などの資源配分をするための時間はどれくらい必要かを考えます。

　「逆算思考」とは、「成果」から逆算して物事を考えることです。朝10時にお客様のところへ行くのであれば、朝10時までに到着している状態から逆算して、どの電車に乗り換えるか、どの時間にオフィスを出るのか、準備をいつまでに終わらせておくべきかを考えます。「成果」が先で「時間」が後です。

　仕事も同じです。今期の成果は何か？　そこから逆算して四半期はどうするのか。月単位でどのように計画し、週や日単位でどのようにタスクを処理するかを考えていきます。

　1か月単位で仕事を考えるのであれば、自分自身の出すべき「成果」から逆算して、行動プランを立てます。とはいえ、営業活動をしていると、想定外のことが頻繁に起こるものです。その想定外のことに十分に対応していかなければ、正しく成果を出すことができません。野球の試合でたとえるならば、まず「9回で決着をつけるにはどう戦ったらいいか」を考え、行動計画を立てます（※9回で決着をつける、というのは時間外労働ゼロということです）。想定外のことが起きたときだけ、残業するようにします。常に時間内に仕事を終えるにはどうすればいいかを考えることで、作業密度を高くできます。作業密度を高くすることで、行動の質が変わっていきます。

感覚を論理的に検証する「スケールテクニック」

　営業で結果を出したいのなら、「時間がない」「忙しい」と口にする悪癖

は、いますぐやめましょう。「論理的」の反意語は「感覚的」です。感覚的な言葉を使っていても、問題は解決しません。

「時間がない」「忙しい」という感覚が本当に正しいのかどうかを、論理的に検証してみるのです。そこで、主観的なものを客観視するために数値化する「スケールテクニック」を使うことをおすすめします。

たとえば、「提案書を書く」というタスクがあったとします。まだ提案書を書くのに慣れていないし、新しいソリューションの提案書なので、どう書いたらいいかはっきりしない、というようなタスクだと、あまり気乗りしないものです。たとえ経験が浅くとも、これからつくる提案書が、どれくらいの時間で終わるか？　実際に推測してみましょう。

「20分？　1時間？　3時間？　30分？　5分？」

慣れないタスクを処理する場合、その作業時間を見積もるのは簡単ではありません。だいたいで構わないといわれても、それでも見当がつかないということもあるでしょう。そこで、作業時間の目安を見つけるやり方を紹介します。非現実的な数字からスタートし、徐々に現実的な数字に近づけていくという方法です。

まず、非現実的な数字を思い浮かべます。提案書をつくるのに「1万年かかるか」と自問自答してみるのです。深く考える必要はありません。非現実的な年数なので、答えは「ノー」でしょう。最初から現実的な仮説を立てようとすると、気分は重いままだからです。力を抜いてリラックスして考えるうえでも、笑えるほどの仮説を立てることが重要です。遊び心を大切にしながら、少しずつ現実に近づけていきます。

1000年、100年、10年、1年、1か月、1週間、1日……一気に現実的な仮説へと近づいてきました。1日の次は、半日。

非現実的な仮説を立てているときは、ほとんど頭を使う必要はありません。しかし、現実に近づいてくると、少し考える時間が必要になるため、仮説を出すスピードが一気に落ちます。

（半日か……提案書を書くのに半日かかるかな？　いや、半日はかからないだろう）

　このような感じです。さらに仮説を現実に近づけていきます。

「４時間……？　　３時間半……？　　３時間……？」

（３時間か、３時間ぐらいかかるかもしれないな……）

　このように、感覚値を数値に変換することを「スケールテクニック」といいます。ここでは正しいかどうかではなく、客観的な視点で自分の感覚を見つめ直すプロセスが重要なのです。
　こうやって頭を整理することで、気分もかなり軽くなります。

スケールテクニックの手順

タスク

提案書を書く

完成までに……

1万年かかるだろうか？
1000年かかるだろうか？
100年かかるだろうか？
10年かかるだろうか？
1年かかるだろうか？
1か月かかるだろうか？
1日かかるだろうか？
半日かかるだろうか？
3時間かかるだろうか？

**仮説を現実に近づけていき、感覚値を数値に変換することで、
客観的な視点で自分の感覚を見つめ直す**

（今日は夕方の４時まで外まわりだから、オフィスに戻ってから半分ぐらいまで仕上げてしまおう。明日も同じように時間を確保できれば、２日で終わる）

このように思えたら、大成功です。気が進まない資料の作成、面倒くさいお客様への電話、仕事で疲れた日のメール処理……感覚的には気が重く感じる作業でも、スケールテクニックを使って作業時間を見積もれば、意外に処理する時間は長くなく、「やるべきこと」という荷物も若干軽く思えてくることでしょう。

また、あとで実際にかかった作業時間を検証することも大切です。３時間で終わると見積もっていた提案書の作成が、実際は４時間半かかったのなら、次に提案書を作成するときにその実績が参考になります。仮説の精度が上がるのです。仮説を立てるだけでなく検証を続けることで、タイムマネジメントの精度そのものがアップしていきます。

8-3 営業パーソンの時間割

1日の時間割はお客様との接触可能時間帯から決める

訪問先の都合に自分の都合を合わせる

　お客様第一を標榜しているものの、実態は「社内第一」になっている会社がたくさんあります。たとえば、長い時間、営業会議をしている会社は、果たしてお客様第一となっているでしょうか。

　大事なことなので繰り返しますが、営業の仕事は「お客様の利益を支援し、その正当な対価をいただくこと」です。社内の会議、メール処理の時間よりも、お客様のために使う時間を優先させるべきです。「デスクワークや会議の予定を先に決め、空いた時間でお客様訪問をする」という営業パーソンがいます。これでは本末転倒です。自分本位、会社本位の時間の使い方といえるでしょう。

　工場などの生産現場は、稼働率や稼働時間が厳密に管理されています。しかし営業の現場は、営業パーソンの裁量で時間割が任されているため、作業効率が低くなりがちです。1日のスケジュールを決めるときは、「何時から何時までお客様と接触できるか」を最優先に考えます。これは個人任せにせず、組織で決めて固定化したほうが、結果的にストレスが溜まらなくなります。

　以前、「行き当たりばったりで（営業先の）病院を訪問している」という医療関係の営業パーソンに会ったことがあります。彼はいつも、アポイントをとらずに病院を訪問していました。受付スタッフに「先生はいま診察中で面会できません」といわれると、「じゃあ、待合室で待たせていただきます」と新聞や雑誌を読みながら、1時間でも2時間で待つそうです。この営業パーソンは「目標を達成したことがない」そうですが、当然のことでしょう。まず、自分の都合で訪問をしている以上、お客様との関係を

構築することはできません。病院の医師が相手であれば、「外来時間を外して、先生のリクエストに合わせて訪問する」など、相手の都合を優先して、時間割を決めるようにすべきです。「お客様との接触可能時間帯から１日の時間割を決める」ようにするのです。

　どの曜日、どの時間帯の、どれくらいの時間なら、お客様と面談できるのか。電話ならいつ対応してもらえるのか。その視点を常に持つことで、お客様に「この営業は、ちゃんとわかっているな」と思っていただけます。
　すでに関係が構築できているお客様なら、まだ融通がききます。しかし新規のお客様であれば、相手のことをよく調べ、できるかぎり、「この時間に会いに来られても困る」「忙しいときに電話をかけてこないでほしい」と思われないよう、最大限の注意を払いましょう。
　まだ関係ができていないお客様を優先して接触できるよう、逆算して１日の時間割を決めていくのです。

お客様に「ちゃんとわかっているな」と思ってもらえるように

「デスクワークや会議の予定を先に決め、空いた時間でお客様訪問をする」
「行き当たりばったりでお客様を訪問している」

「忙しい時間帯を外し、相手のリクエストに合わせて訪問する」

お客様との接触可能時間帯から、１日の時間割を決めるようにする

8-4 メールとの向き合い方

「メールを受信したらすぐに返信する」のは間違い

営業生産性を上げるメールの使い方

　営業の生産性は、「メール」の使い方を変えるだけでも大きく改善します。メールの使い方による生産性を高めるポイントは、次の2つです。

① **お客様から「メール」で問合わせがあっても、「メール」だけでは返信しない**

　ある程度、関係が構築されているお客様であれば、「対面」でのコミュニケーションをとらなくても、メールと電話で用件をすませることができます。しかし、関係が構築されていない段階では、「メールだけ」ですませようとすると、次のような弊害が生じる可能性があります。

・**コミュニケーションが噛み合わなかったとき補正するのに時間がかかる**
　メールによるコミュニケーションは誤解を招きやすくなります。それは、これらの理由からです。

「非言語情報（表情、声のトーン、身振り手振り）がない」
「説明不足になりやすい」
「異なった意味に受けとられてしまう」

　一度関係がこじれはじめると、メールだけで補正する（誤解を解く、かみ合わせる）のは時間がかかります。お客様からメールで問合わせがあったら、「メールで返信をしたうえで電話をかける」などがコミュニケーションのミスを防ぐ最善策です。
　「午前9時にメールが来た。すぐに返信をしたら10時にまたメールがあ

った。すぐに返信したら、午後１時に３回目のメールがあった。すぐに返信をしたら……」といったやりとりを何度も繰り返すくらいなら、午前９時にメールを着信した時点で、電話をかけたほうが効率的です。

・お客様が「早い返信」を求めるようになる

「お客様からいただいたメールには、すぐに返信したほうがいい」と思い、メールを受信したらすぐに返信する営業パーソンがいます。ビジネスメール実態調査を10年以上実施している、一般社団法人日本ビジネスメール協会によれば、「24時間以内に返信する」のがメールのマナーだとしています。24時間以内であれば、「すぐに」返さなくても、相手から「遅い」と思われることはありません。

ところが、「毎回すぐに返信している」と、お客様は「すぐに返信があるのが当たり前」と思い込んでいきます。すると、自分が外出などをしてすぐにメールの返信ができないと、「返信が遅い」とお客様が不満を覚えるようになります。また、メールを受信するたびにすぐ返信していたら、自分のペースで仕事ができなくなります。これは車を運転していて、ストップ・アンド・ゴーを繰り返しているようなものです。なかなか目的地までたどり着けず、非常に効率が悪くなります。

②メールを返信する時間を「夕方」に固める

生産性の高い働き方をするには、「同じような類いの作業を固める（シングルタスク）」ことが必要です。マルチタスク（いろいろな作業を同時に行なう）は、生産性を低下させます。

見積もりをつくりながらメールの処理をして、見積もりを書き終わったらまたメールの処理をして、打ち合わせをして、電話をかけて、提案書を書きながらまたメールの処理をして……といった「ながら作業」をしていると、仕事を前に進めることができません。ひとつの作業をやり切って（やり切るまでは、ほかの作業に手を出さない）から、次の仕事をするようにしたほうが生産性は上がります。

おすすめしないのは、「朝一番にメールチェックをすること」です。朝、

メールをチェックすると、「メールを返信しないといけない」「お客様からいろいろ注文をつけられてしまったな」など、メールの内容がその日1日中頭に残ってしまい、仕事のリズムが崩れます。

　先述したとおり、「メールを受信したら、その都度返信をする」のではなく、たとえば「メールのチェック・返信は毎日午後4時から」と固定してみましょう。営業先から帰社した夕方以降、決まった時間にメールの処理・返信をするのです。するとお客様も、「あの営業パーソンは、夕方4時以降に必ずメールを返信してくれる」ことがわかり、信頼してくれるようになります。

8-5

営業アシスタントとの役割分担

人を増やしただけでは、生産性は上がらない

第8章 営業の生産性

営業アシスタントとの接し方

　営業パーソンの生産性は、営業アシスタントに活躍してもらうことで、劇的にアップします。営業アシスタントがいても「自分がやったほうが早いから」と、仕事を任せない営業もいますが、それではいつまでたってもアシスタントは育ちません。

　結果を出す営業パーソンは、誰に対しても正しく関係を構築し、そして主導権を持って相手（お客様も部下も上司もアシスタントも）を動かすことができます。そうすることで、相手も気持ちよく協力しようとしてくれます。だから、お客様も大切な知人を紹介したいと思うのです。

　このことはアシスタントに対しても同様です。怠け者のアシスタントならともかく、そうでないなら仕事を任せたほうがいいのです。アシスタントも、自分の仕事で営業パーソンの成績が上がり、「ありがとう」と感謝されることを望んでいるものです。「自分がやったほうが早い」といって、アシスタントに仕事を任せないのは、むしろ失礼です。

　なれない仕事でも、アシスタントは数をこなすことで、仕事の質もスピードも上がるものです。営業アシスタントが気持ちよく働いてくれる雰囲気をつくり、積極的に仕事を依頼しましょう。その仕事が営業活動のどのような役割を担うのか、丁寧に説明します。営業アシスタントに説明する機会を持つことで、本当にその仕事が必要なのかを、営業パーソン自身が自問するきっかけにもなります。

営業アシスタントと生産性

　187ページに書いたとおり、絶対に時間外労働はしない（絶対に9回で

197

決着をつける）と思って行動計画を立てても、どうしても処理しきれない業務が出てくることもあるかもしれません。ただし、そのようなときでも上司や他部門の人が検証しても間違いないと確認できて、はじめて営業アシスタントを採用します。

　生産性とは、「生み出された付加価値と、そこに費やされた資産との比率のこと」です。営業アシスタントを採用したら、その分だけ営業組織の総労働時間、人件費が増えます。投下する資産を上まわるほどの付加価値を生み出して、はじめて「営業生産性が上がった」といえるのです。「営業アシスタントの採用＝営業の生産性アップ」につながらないことを認識すべきです。

　生産性は正しく効果測定をしましょう。ひどいケースでは、「営業アシスタントがいるのに、営業パーソンがまるで外に出て行こうとしない」「営業パーソンが営業アシスタントに作業を頼まない（自分で仕事を抱えてしまう）」など、作業量、労働量は変わらず「人が増えただけ」という組織も少なくありません。

　これから営業アシスタントを増やして生産性を上げたいという場合は、まず、営業パーソンがフィールドに出る時間を最初に固定化してみましょう。たとえば、「10時から17時まではフィールドタイム。社内でデスクワークをする時間は朝の９時から10時まで、帰社後17時から18時まで」などとルールを決めてしまうのです。そして、営業パーソン全員が「ルールを守る」ことを前提としたうえで、「それでも仕事が終わらない」という状況になってはじめて「営業アシスタントを増やす」という選択をしましょう。

営業アシスタントに依頼する仕事

　営業アシスタントの仕事は多岐にわたります。コンピュータが高性能化している現在は、単なる事務代行が営業アシスタントの業務とはなりにくくなっています。

　お客様の課題を踏まえたうえで提案書を作成したり、SFA／CRMのパ

ラメータ設計、後述する「インサイドセールス」のような役割まで、幅広い仕事を担う高度なアシスタントも登場しています。ここで、一般的な営業アシスタントの仕事を列挙してみます。

- 事務代行
- スケジュール管理
- 電話の応対
- 見積書、提案書の作成
- 受発注データの入力
- 社内文書の作成
- 名刺情報の登録、管理
- クレーム対応
- お客様と直接対応すること以外全般

　営業アシスタントは任された仕事だけをマニュアル的にするだけでなく、営業パーソンがいかにお客様の対応に集中できるか、自分で考えて行動していかなければなりません。そのため、今後、営業アシスタントには他部門との調整や社内での根まわしといった、ロボットやAIではできないことが求められます。

　営業パーソンと同じように、営業アシスタントも「待ち」の姿勢で仕事をしてはいけません。営業パーソンは、お客様との関係構築やリアルタイムに動く商談に没頭しています。日々想定外のことが連続して起こるため、当事者である営業パーソン以上に俯瞰力が求められます。

　次のような、客観的な視点は不可欠です。

　「A社の常務から一昨日、納入した製品について問合わせがありましたが対応されていますか。よろしければ私が電話を1本入れておきますが」

　「総務から提出してほしいといわれている業績管理レポート、どうされていますか。私が期限を延ばしてもらえるよう依頼しましょうか」

　「SFAに、今度の商談の出席者が3名と書かれていましたので、その分

の提案書も印刷しておきました」

　営業アシスタントが、指示されなければ動かないような「指示待ち」の姿勢では困ります。現在、営業パーソンをサポートするSFA／CRMの機能は高度化しているので、指示されなくとも、先まわりしていろいろと世話を焼くようなアシスタントでなければいけません。

　営業パーソンが芸能人なら、アシスタントは芸能人をサポートするマネジャーです。営業パーソン自身も、アシスタントに気持ちよく仕事をしてもらうために、日ごろからねぎらいの言葉をかけるなど、信頼関係を構築することが重要です。

インサイドセールスの可能性

電話やメールだけで営業する内勤型セールス

インサイドセールスとは

　電話やメール、WEB会議アプリなどを使って、お客様のところに訪問せずに営業活動をするスタイルを「インサイドセールス」と呼びます。以前から存在する「テレセールス」と呼ばれる内勤型の電話営業とは、似て非なるものです。

　テレセールスは、顧客リストを見ながら1日100〜200件ほど、CTI（Computer Telephony Integration System）の機能を使用して効率的に電話をかけ、お客様が興味を持てば、その場で商品を提案・販売まで完了するスタイルです。

　たとえばクレジットカードの会員に電話し、保険商品を勧誘するなど、どちらかというとテレセールスは、「数打てば当たる」というやり方をします。電話をかける相手のニーズがあるかどうかを電話でヒアリングするスタイルなので、電話がかかってきたお客様はネガティブな反応を示すことが一般的です。電話をする側も、それなりにストレスがたまることでしょう。

　一方、インサイドセールスは、テレセールスに比べるとスマートであり、現代的です。145ページの「MLM（マーケティング・リーダーシップ・マネジメント）」のトピックでも紹介したマーケティングセクションが、顧客戦略に基づいて、まずリード（見込み客）を獲得します。WEBサイトやイベント、広告などを経由してお客様リストを入手し、SFAやMA（マーケティングオートメーション）の顧客データベースへ送るプロセスを「リードジェネレーション」と呼びます（51ページで書いた「種まき」と同義）。

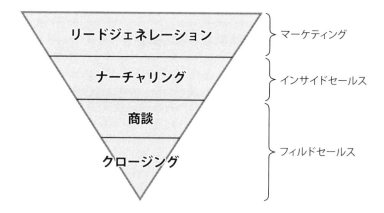

その後、「水まき」(51ページ参照) と同じ意味の、見込み客育成プロセスを「ナーチャリング」と呼び、当初関心が薄かったお客様を受注に近づけるために電話やメールなどで働きかけていきます。

このプロセスを、インサイドセールスが担います。電話をかけて商品を説明し、相手が興味を持ったら販売まで完結させるのがテレセールス、電話をかけて商品を説明し、相手が興味を持ったらリアル営業（フィールドセールス）にパスするのがテレフォンアポイントメント（テレアポ）、インサイドセールスは、ナーチャリングというプロセスを担当する部分が、テレセールスやテレアポと大きく異なるところです。

インサイドセールスとフィールドセールス

リード獲得プロセスからナーチャリングし、そのままインサイドセールスが受注までを担うケースもあります。一方で、アポイントをとってからリアルに訪問する営業（フィールドセールス）にパスすることもあります。

実際に顔を合わせて打ち合わせを繰り返すことが必要な商品を取り扱っているのなら、後者のスタイルになるでしょう。電話やメールなどで営業活動すべてを完結させません。この際、インサイドセールスとフィールドセールスの連携は緻密であるべきで、ここがテレアポとは大きく異なる点

です。インサイドセールスは、次のようにフィールドセールスに伝えるだけではいけないのです。

　「アポイントをとっておいたから、F印刷の製造部長に会いに行ってください」

　次の内容くらいの情報を、フィールドセールスに伝えることが必要です。

　「F印刷の企画部長が当社のセールスイベントに参加したのが先月の４日。その後、企画部の課長と電話のやりとりを繰り返し、当社の商品Wに興味があること、同業他社の商品の導入を検討していることが判明。キーパーソンは製造部長であり、製造部長とも電話で３回やりとりを繰り返す。当社の常務と同じ大学出身、趣味が釣りだということも同じ。来週水曜日にアポイントをとった。常務と同行して、打合せをしてほしい。すでに提案書と簡易的な見積書はメールで送りずみ」

　そのため、顧客接点履歴を記録するSFAなどのツールがあったほうが、より効果的です。次の章で、SFAについて詳しく解説していきます。
※SFAやMAのベンダーは、欧米の思想をとり入れているため、一般企業では馴染みの薄い独特な用語を使うことが多い傾向があります。関連書籍にも「リード（見込み客）」「ナーチャリング（見込み客育成）」といった用語は頻出します。そのため本書でも、それら用語をそのまま掲載しました。

営業の支援システム

9-1 営業支援システムが必要な理由

組織全体で営業目標を達成する

営業職の属人性

　営業の生産性を上げるために、SFAやCRM（※SFAはCRMカテゴリの一部ととらえるのが一般的）といったシステムを導入（もしくは導入を検討）している企業は多いと思います。

> ● SFA（Sales Force Automation）
> ……営業支援システム。営業の動きをシステム上で見える化することで、営業パーソンの行動の最適化をはかる。
> ● CRM（Customer Relationship Management）
> ……顧客関係性マネジメントシステム。顧客情報を一元的に管理して、自社と顧客の信頼関係を構築する。

　営業はものづくりと違って、非常に特殊な職種です。この前提に立たないと、「なぜ、SFAが必要なのか」「なぜ、SFAを導入しても生産性が上がらない企業があるのか」、その理由を理解することはできません。

　営業は、個人に任される裁量がとても多く、職人的で「背中を見て盗む」という慣習が長く常識ととらえられてきた職種です。

　「どのような営業スキルを手に入れるべきか」「どのような行動をすべきか」「どのようなお客様に、どのような商品を、どのようなやり方で提案すべきか」といった具体的な方策（営業の方法）は、いまでも個人に委ねられている場合がほとんどです。

　一方、生産部門・生産ラインでは、属人的な仕事のやり方は認められていません。基本動作に至るまで、マニュアルが整備され、そのとおりに実

践することが常識となっています。お客様に均一なサービス（製品）を提供するためです。

　ものをつくるうえでは、クオリティ（Quality）、コスト（Cost）、デリバリー（Delivery）を均等に、そして安定させなければなりません。そのため、仕事のやり方や手順に「型（マニュアル）」があり、「こういうやり方、こういう手順で、こういうものをつくる」というルールが厳格に決められています。

　しかし、営業には「型」がなく、組織のなかで統一化、均一化がはかられていません。「営業の仕事は、営業パーソンの人間的な魅力で決まる」「成果さえ出れば、どんなやり方でもいい」「自分なりのマニュアルがあればいいのであって、共有する必要はない」と考えている営業パーソンも少なくありません。

スポーツもデータを活用する時代

　とはいえ、時代は変わってきています。世に出ている営業関連の書籍で確認すると、すでに1998年ごろからSFA関連の書籍が刊行されています。営業力を高めるうえでのプロセス管理、顧客維持システム、データ分析による営業支援の本などがそうです。このようなデータに基づいて、営業の成果を最大化しようとする発想は、スポーツの世界とよく似ています。

　スポーツは不確実性の高い要素が非常に多く、以前はたとえチームスポーツであったとしても、個人の選手が持つ能力に委ねられてきました。しかし昨今は、対戦相手のデータを見える化し、シチュエーションによって打ち手を変えることで、勝つ可能性、負けない可能性を高めるようにしています。

　2011年にブラッド・ピット主演でベストセラーが映画化された『マネーボール』という映画があります。これは、オークランド・アスレチックスのビリー・ジーンGM（当時）が、「セイバーメトリクス」といわれる独自の手法を用いて、年俸の高い選手を集めたチームに決して引けをとらない強豪チームを、低予算でつくり上げていったというストーリーです。一

207

般的には打点、打率、盗塁などが重視されているところ、出塁率、長打率、選球眼といったデータを味方につけて、その数値に長けている選手を集めていきました。経営資源が豊かではなくても、データを味方につけたことで常勝チームをつくることができたのです。

　この例は、強い営業組織をつくるうえでも、とても参考になります。決して、ずば抜けた対人能力やトークスキルがないような営業パーソンばかりであっても、SFAやCRMを使うことでデータを味方につけ、大きな成果を上げる足がかりにできることを物語ってくれていると、私はとらえています。

共通の目的を持ち、互いに協力し、情報共有する

　たとえば、お客様の接触回数、見積書の提出回数、商談のリードタイム、成約までに必要とした電話の回数、平均商談時間、平均移動時間などを、営業成績と照らし合わせることで、統計的な視点から分析することができます。

　営業マネジメントをするうえでも、感覚的に「うまくやっている、やっていない」で決めつけず、成績がいい営業パーソンは商談の平均受注額が高いのか、ファーストコンタクトからの初動メールが速いのか、決裁者プレゼン時の上長を連れて行く率が高いのか、などのパターン分析をするといったことを行なうのです。

　マネジャーのフィーリングだけで判断しようとすると、多くの場合では話し方であったり、提案書のつくり方であったり、気配りができるかどうかなどに着目してしまいがちです。現実には、口ベタな営業パーソンであっても、あまり気配りができない人であっても、成果を出すケースはよくあることは、これまで述べてきたとおりです。

　営業プロセスを管理し、リアルタイムにアドバイスすることで、主観的な判断によるチャンスロスを減らすこともできます。

- 商談がこのような状況になったら、次はこうする
- お客様がこういってきたときは、わが社のエンジニアと接点を持たせる

- 自分1人では話ができないような役職者と会うために、自分の上長を商談に同行させる

　こうしたルールを決めておきます。ルールや条件を決めたうえで営業支援システムを使えば、商談の進捗状況に応じた対応策（次に営業パーソンがどういう行動を取ればいいのか）を、SFAが教えてくれます。

　SFAにはプッシュ機能、アラート機能が実装されているため、「次はこういうことをしましょう」「いついつまでに、メールを出しましょう」「次のアポイントをこの欄に入れてください」といった指示が画面に表示されたり、その都度メールが飛んできたりするので、商機を逃さずに対応することが可能になります。

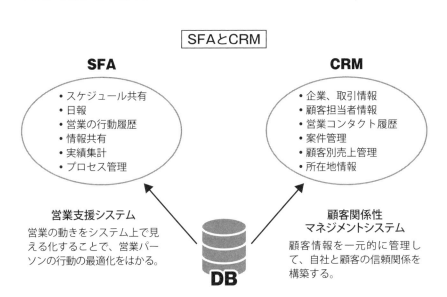

9-2

基幹システムとしてのSFA

なぜERPではなく、SFAが基幹システムなのか

フロントオフィスという考え方

　SFAは、高度な成果を企業にもたらすシステムです。私はこれまで多くのSFAベンダーとセミナーを開催してきました。そのようなセミナーの参加者には、いつも次のようにお伝えしています。

　「SFAは本当に必要です。必要か否かは議論するに値しません。なぜなら、なくていいはずがないからです」

　なぜ必要かというと、SFAは企業にとって「基幹システム」だからです。経営者の多くは、「企業の基幹システム＝ERP」という認識を持っています。ERP（Enterprise Resources Planning）とは、総務や会計、人事、生産、販売など、企業内に点在している情報を集約し、有効活用するシステムのことです。具体的には、生産、購買、在庫、会計、人事給与、販売といった部門単位のデータをデータベースにまとめ、一元管理します。ERPは部門ごとに構築・運用されていた業務システムを統合するものであり、基本的に「バックオフィス」としての機能です。

　一方、SFAは、「お客様のマネジメント」のために導入するものであり、「フロントオフィス」としての機能が実装されています。ERPはほとんどの企業で導入されていますが、半数以上の企業がSFAを導入していません（※導入していても、活用できていない企業が多い）。車でいうと、SFAとERPは両輪のようなものですが、どちらかひとつを選べといわれたら、私は、バックオフィスであるERPではなく、フロントオフィスであるSFA、CRMのほうが基幹システムであると考えています。なぜなら、「事

業はお客様で成り立っている」からです。社員がいることによって事業が成り立っているわけではありません。事業は、お客様から得られる収益が一番大事だからです。

こう考えると、いかにお客様のデータベースを中心とした情報システムが大切であるか、理解してもらえることでしょう。

データベースの管理

「どの社員が、どれだけ働いているか」「会社の固定資産がどこにあり、どう管理されているのか」など、社内の資産を管理するために、ERPは必要です。一方で、お客様がいなければ、そもそも、社内の資産を管理する必要がないともいえます。

お客様の情報を管理するシステムがなく、単純に「営業の頭のなか」だけで管理されている状態は、非常にリスキーです。お客様の情報はデリケートなので、セキュリティをしっかりしながら、社内で管理することが必要です。

これからの時代は、経営者はお客様との接点や、お客様のデータベースを正しく管理する「フロントオフィス」という考えを持つべきなのです。

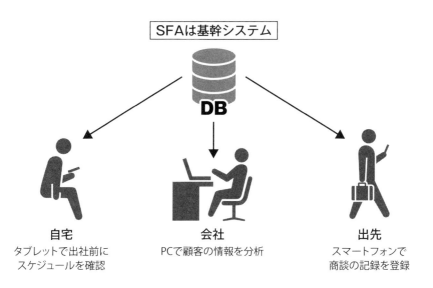

SFAの問題点

なぜ、SFAは定着しないのか？

企業がSFAを導入しない理由

　多くの企業は、SFAを導入したがらない傾向があります。SFAの問題点は、ずばり導入する組織側にあります。SFAを販売するベンダーの説明不足もあるでしょうが、組織側の不勉強、不理解によるものがほとんどです。

　SFAは道具のひとつです。その道具が勝手に成果をもたらしてくれるわけではありません。どのようにSFAを使うのか、組織が運用ルールをしっかり決める必要があるのです。

　たとえば、工場でのものづくり、社内の部署でも経理の仕事は思い込みで判断することは許されません。事実を数字で特定し、どう改善するかを、個人ではなく組織で決めるものです。

　しかし営業の場合は違います。営業という仕事は、「曖昧でも何とかなる」という特性があるからです。営業パーソンの自由裁量で、何とかしてしまっていることがとても多くあります。たとえば、「A社にわたす提案書は7枚だったけれど、B社にわたす提案書は6枚だった」「A社とは、最初の面会から3日後に2回目のアポイントをとった。一方、B社とは、最初の面会から1週間後に2回目のアポイントをとった」としても、大きな問題にはなりません（いいか悪いかは別にして）。

　商談の現場では、「800万円」の見積もりを出したものの、途中で仕様が変わって最終的には「680万円」で契約することもあります。こうした曖昧さや不確定要素がある以上、SFAの導入に消極的な経営者は多いといえます。「そもそも営業活動は、情報システムで管理することには向いていない」と信じ込んでいる経営者が少なくないからです。とはいえ、先述

したように、スポーツと同じで、昨今データを味方につけた営業マネジメントのやり方が成果を上げていることは、紛れもない事実です。

営業支援システムを導入するのは、「営業生産性を上げるため」です。しかしながら、よほど工夫しないかぎり、SFA導入後は、トータルの労働時間は増加するのが普通です。名刺情報や日々の商談情報をこまめに入力しなければならないからです。しかし、SFAは省力化のためのシステムではなく、成果を最大化させるためのものだと認識しましょう。

極論すると、SFAを導入して組織でさらなる成果を出そうという意思がないのであれば、宝の持ち腐れになります。名刺情報や日々の商談情報を細かく残さないのであれば、営業のスタイルによっては紙のノートでもいいですし、表計算ソフトでも、顧客管理やプロセス管理は可能です。実際に、私どもがクライアント企業のコンサルティングに入る場合において、SFAの導入を推奨するケースもあれば、あえてすすめないときもあります。

コストとリターンの因果関係

私のようなコンサルタントの立場の人間がSFAを推奨しないときは、コストとリターンの因果関係が見えにくいときです。

SFAを導入するには、時間もお金もかかります。にもかかわらず、投資したコストに見合うリターンや恩恵がとてもわかりにくいのです。これまで、紙や表計算ソフトで顧客や商談の管理をしていたなら、すでにそのような文化が組織に定着しているので、SFAを導入してもうまくいくことでしょう。しかしそうでないなら、営業パーソン個人個人に新しい入力作業が発生することになります。それらの新しい作業を補ってあまりあるメリットがSFAにはありますが、そのためには経営者や営業組織トップ自らの強いリーダーシップが不可欠です。

私は、「SFAは総じて投資対効果が低い」と考えています。SFAが導入されなければ、できない業務・分析が多々ある一方で、SFAを正しく使いこなすまでに必要な労力や時間（試行錯誤するプロセスを含めて）、か

かるコストが大きすぎるからです。

前述したセイバーメトリクスが、大リーグのすべてのチームに浸透していないのは、システムを導入するだけでなく、データを活用したチーム編制やドラフト、選手の育成、戦略立案……など、すべてを統一した考え方をもとに意思決定していかなければならないからです。オークランド・アスレチックスのビリー・ジーンGM（当時）のような強力なリーダーシップを発揮するトップがいないと、組織の文化を変えるまでにはいかないでしょう。交通費精算システムを導入するのとは違うのですから。

入力作業の手間

SFAを導入すると、どのような作業が追加発生するのでしょうか。

まず名刺入力の作業です。昨今は技術進歩に伴い、名刺情報の入力がとても楽になりました。しかし、それでも手間がかかる作業に変わりありません。顧客データベースが増えていけば、整理するための「名寄せ作業」（※名寄せ：複数のデータベースのなかから、氏名や住所、電話番号などの情報を手がかりにして、同じ人物や会社などをまとめる作業のこと）……など、現場にかかるストレスや作業時間は、確実に増えます。お客様の会社や部署名が変更になったり、所属先、役職、住所、電話番号など、これら固定情報が変化したりしたら、その都度メンテナンスをする必要があります。

お客様個人にかかわる情報、たとえば何に興味があるか、どれくらいの資産を持っているか、学歴、趣味、家族情報などは、96ページに書いた「雑談スキル」を向上させるうえで役立つ情報です。引き継ぎをするときにはとても役立つので、こまめに入力することが求められます。

商談にかかわる情報、活動のステータスは変動情報です。会社や個人にかかわる情報とは比較にならないほど、頻繁にメンテナンスしなければなりません。

このようなデータの入力作業は、組織で徹底してやることが基本です。データを入力する人と、しない人がいるようだと、正しく情報共有がされ

ず、SFAは真価を発揮できません。SFAを活用するためには、まず「営業全員が正しいデータを入力する」のが前提です。

　SFAの基本思想は、営業個人の日々の活動が「適正化」されていることです。適正、適切な営業活動をし、その情報を蓄積してデータ分析すれば、これほど強い味方はありません。精緻なPDCAサイクルをまわすことができることでしょう。

データの蓄積と成果は別

　SFAへの入力作業が進み、データを蓄積したとしても、成果を出せるかどうかは二の次です。管理をする側（マネジャー）にとっては「管理」の一環でも、管理される側（営業パーソン）は「監視」と受け止めることもあります。もしも、活用されないデータを毎日のように入力させられたら、営業パーソンは確実にモチベーションを落とすことでしょう。

　SFA自体が営業パーソンの士気を落とすわけではなく、SFAの設定や運用のしかたが、営業パーソンの士気を下げるのです。

　お客様からヒアリングした結果（データ）を入力しても、「結局、このデータは使わなかった」「聞く必要も入力する必要もなかった」ということがあるので、運用している最中にSFAのパラメータを都度適正化していくことが重要です。

　SFAの導入を機に、すべての仕事のやり方をリセットし、組織を改革するくらいの気持ちで臨むことです。データの蓄積が目的となってしまうと、元も子もないでしょう。

215

9-4 営業支援システムの内製化の是非

営業支援システムは自作してはいけない

既存のシステムを導入する

　私は日立製作所に在籍していた際、自らSFAの設計開発に従事しており、その後も多くのSFAベンダーとコラボレーションしてきたので、中立的な立場でシステムを評価できる自信があります。
　そのため、多くのお客様から「どのようなSFAがおすすめですか？」と尋ねられます。その際に、いつも伝えるのは、「どのようなシステムがいいかと考える以前に、どのようなシステムだとよくないかを考えるべきです」ということです。

　何事も餅は餅屋です。SFAは専用ベンダーの商品をうまく活用しましょう。私自身が経験していますが、SFAを内製化したり、自作したりする会社がありますが、決しておすすめしません。既存のSFAには、すでに「多くの企業で採用されている効果効率的なファンクション」が実装されているため、そのシステムを活用するほうがいいケースが多いのです。
　「自分たちのやり方に合ったシステムをつくる」のではなく、「すでに市場に出ている既成のSFAに合うように、営業のやり方を抜本的に変革する」のが正しいと、私は考えています。SFAの導入を、営業組織改革のきっかけにしましょう。前述したとおり、SFAを導入しても現業が省力化されることはないのです。

9-5

SFA導入後の運用

SFAベンダーによって、運用実績が左右されやすい

第9章 営業の支援システム

SFAベンダーの多くは、伴走してくれない

SFAを正しく活用できれば、利益率の高い商談を、高いコンバージョン率でクローズする手助けをしてくれます。しかし、こうした恩恵を受けるには、SFAのメンテナンスが欠かせません。

SFAは、導入時点では「未完成」です。実際に運用をはじめてから、営業シナリオや、共有すべきデータ、分析するためのパラメーターを随時メンテナンスして育てていくものです。

そのため、安定運用ができるまでは、「試行錯誤するプロセス」が一定期間必要です。しかし、多くのSFAベンダーはこのことを教えてくれません。なかには、「SFAを導入すれば、すぐに営業の生産性がアップする」「SFAを運用すれば、組織の目標が達成する」などと、うまい話をするSFAベンダーもいます。

ほとんどのSFAベンダーは、成果が出るまで伴走してくれません。問合わせてもシステムの機能を説明するだけの場合が多く、研修や勉強会への参加を促すだけで、多くの場合は現場任せです。

使う機能と使わない機能の明確化

組織で営業するには、必ず「マネジメントルール」が必要です。SFAは組織営業力をアップさせるツールなので、導入を検討してもいいでしょう。私もかつて、SFAの導入コンサルティングをしていたので経験があるのですが、導入を検討中のお客様から、次のような質問をたくさんいただきました。

「このシステムには、どんな機能があるのですか？」

217

「レポーティング機能には、どんなテンプレートがついていますか？」

　たしかにSFAには、たくさんの機能があります。機能を知ると、それを使ってみたくなります。「せっかくこれだけの機能があるのだから、使ってみようか」と。いわゆる手段の目的化です。

　けれども、大切なのはたくさんの機能を使えることではありません。「営業生産性を上げる」ことを目的とするのであれば、「あるものを使う」のではなく、「必要なものだけ、使う」ことを意識すべきです。そのためにマネジメントのルールが必要なのです。そのルールを徹底させるためにSFAがあります。

シンプルに考える

　営業の生産性を上げるためには、何よりも「シンプルに考える」ことが大切です。たとえば、「商談のステータスがある段階に来ている。その段階に来ているのであれば、やることは2つしかない」とSFAが指示を与えてくれたら、営業活動はシンプルになります。その2つ以外のことはやる必要はないからです。

　一方、マネジメントのルールが統一されていない場合、マネジャーによって指示が違うことがあります。上司・先輩・同僚など、「誰の指示を仰ぐか」によって、次にやるべきことが変わってしまうのです。

　「この商談が、こういうステータスになったら、2つのことだけを3日間、徹底してやる」「システムの指示に従わなかった場合は、アラートが鳴って上司に報告される」といったように、組織全体でマネジメントルールを統一しておけば、営業活動が組織全体で最適化されやすくなります。

218

営業生産性を上げるために

SFAを導入していない場合
マネジメントルールが統一されていないので、人によって指示が違う

上司　先輩　同僚

「誰の指示を仰ぐか」によって、
次にやるべきことが変わってしまう

SFAを導入している場合

「商談のステータスがある段階に来ている。その段階に来ているのであれば、やることは2つしかない」

**SFAが指示を与えてくれので、
営業活動はシンプルになる**

SFAを導入し、マネジメントルールを統一しておけば、
営業活動が組織全体で最適化される

9-6
SFAを導入してもいい組織

単純に記録をするだけなら、導入しないほうがいい

目的を持ったうえで導入する

　営業活動に目標が重要な理由を、私の趣味のランニングを例に説明します。

　私はランニングをすることを習慣にしているので、スマホのランニングアプリを利用しています。このアプリを使うと、走るスピード（1kmを何分で走れるペースなのか）や走った距離（何km走ったのか）、ルート（どこをどうたどってきたか）を自動的に計測し、記録してくれます。とても便利で、「このアプリがないともう走れない」と思うくらい、重宝しています。

　このアプリが私にとって欠かせないのは、理由があるからです。私には、走る目的と目標があります。「月間100km走る」「1kmを5分台で走る」「たまにはがんばって4分台で走る」といった目標を持って走っているからこそ、スマホのアプリやGPSウォッチなどのツールが有効なわけです。ツールを使わず、「何となく走っている」だけでは、目標を達成しているのか、していないのかがわかりません。もし私が走る距離も走るスピードもまったく気にしていなければ、ツールは不要です。「今日は公園を3周走った」「今日は公園を5周走った」と、ノートに記録しておくだけですむはずです。

　営業活動も同じです。具体的な目標を持っている企業であれば、SFAによる管理は有効です。有効どころか、私にとってのランニングアプリと同様に、なくてはならないものでしょう。しかし、「目標達成の意欲が低く、単純に記録をするだけ」であるのなら、コストをかけるだけ無駄です。そして間違いなく誰も使わなくなります。

　「何のためにシステムを導入するのか」「システムを使って営業生産性をどれだけ向上させたいのか」がはっきりしていない組織は、システムの導入を再考したほうがいいでしょう。

220

9-7 SFA導入後の会議のやり方

プロジェクターなどでSFAのレポートを映し出して会議すべき

プロジェクターで投影し、事実を明確化する

SFAを導入したら、会議のやり方も変えるべきです。会議のときは必ずプロジェクターなどで映し出して行なうことをおすすめします。SFAをプロジェクターで映しながら、「リスト機能」や「レポーティング機能」を使うと、次のように「事実」を評価検証できるようになります。

- Aさんはいま商談を12件抱えています。その進捗状況をレベルごとに並べるとこうなります。
- 12件のなかで機会損失を起こしそうな案件が4つです。商談後のフォローが規定ルールより3日以上遅れているのです。
- このままいくと、商談の成約率は25%になります。その数字をかけ合わせると営業部全体の目標達成率はこうなります。

また、「アラート機能」を使うと、「SFAの指示どおりの行動をしたか、しなかったか」「決められたマネジメントルールを守ったか、守っていないか」が視覚的にわかるようになります。どの商談が問題を抱えているのか、どの営業パーソンの動きが鈍いのか、商談発生率の高いキャンペーンはどれなのかなど。こうした事実を「どう解釈するのか」によって、打つべき方策が決まります。

SFAのデータから改善案を出す

たとえば、「商談が遅れている案件」があるとしたら、「多くの商談を抱えてしまっていて、手がまわらない状態なのか」と解釈することもできます。

221

「これくらいの数の商談は正直いって他の人も持っているわけだから、手がまわらないことはない」と解釈することもできます。

「商談の量が多すぎる」と解釈するのであれば、他の営業パーソンに振り分ける「手がまわらないことはない」と解釈するのであれば、その営業パーソンに対して「ルールを守ってスピーディーに対応するように」と、マネジャーが指導することができます。

紙の資料は原則禁止

SFAを導入したら、「紙の資料」は原則として禁止にしたほうがいいでしょう。紙を残しているかぎり、SFAを使おうとしなくなるからです。

これは、交通費の精算システムと一緒です。交通費の精算システムを使えば、手書きで「地下鉄に乗って、○○から△△まで□□かかりました」と紙（用紙）に書いたりする必要はありません。

SFAを正しく運用するのであれば、管理資料や会議資料は基本的に「ゼロ」にしましょう。最初は抵抗されるかもしれませんが、いずれ慣れるものです。データを一元管理することで、このシステムを活用しようとする気持ちが醸成されていきます。

「給料が銀行振り込みなのは嫌だ、現金で手わたしにしてもらいたい」といっても、普通は受け入れてもらえません。同様にマネジャーが「紙の資料でないとわかりにくい」といってしまうと、いつまでたってもSFAは使われないため、二重管理はできるかぎりやめましょう。

第10章

営業の適性

10-1
営業職の特殊性

営業職は、入社時点の専門性を問わない職種である

営業職に悲観的になる理由

　私たちアタックスグループの営業コンサルタントは、毎年4月になると「営業部への配属が決まった新入社員」を対象に、新入社員研修を行なっています。

　私は講師時代、研修の最初に、決まってしていた質問があります。

　「正直に答えてください。営業部への配属が決まったときに、少しネガティブな気持ちになった人は、いますか？」

　すると、参加者の「9割」が手を挙げます。

　「開発の仕事がしたくて部品メーカーに就職したのに、営業部に配属になった」「広報部や宣伝部でプロモーションの仕事をしたかったのに、営業部に配属になった」「学生時代に簿記の勉強をしたので、経理部に行きたかったけれど、営業部に配属になった」などなど、次から次へと出てきます。

　参加者の多くが営業部に「ネガティブ」な印象を持つのは、「そもそも営業とは、どのような仕事なのか」を知らないからです。したがって、「営業とは、特別な資格や能力、専門知識がなくてもできる仕事」と思い違いをして、「どうして自分が、誰にでもできる仕事をやらなければいけないのか」と不満を抱くのでしょう。

　「自分の専門知識を生かせる仕事がしたい」「自分の好きなことを仕事にしたい」と思って会社を選んでも、希望する職種につけず、次のような説明を受け、営業部へ配属されることがあります。

「専門的な知識を生かしたいのはわかる。けれども、若いうちに、コミュニケーションスキルを身につけ、お客様のニーズをつかむ経験をしておいたほうがいい。いずれ他の部門に配属されることもあると思うが、商品開発でも、経理でも、ロジスティクスでも、必ず現場経験が役立つ。お客様のことを知らなければ、どんな仕事も十分にできないのだから」

　会社からこのようにいわれたら、新入社員は「はい」と答えるしかありません。

「この人よさそうだな」という人材を採用

　大学院まで進んでAIの勉強をしてきた人でも、大学在学中に公認会計士の資格を取得した人でも、情報処理の専門教育を受けてきた人でも、デザインの勉強をしてきた人でも、理系の人でも、営業部に配属される可能性があります。

　なぜ営業部には、さまざまな人が配属されるのでしょうか。それは、営業という職種には、他の職種にはない「特殊性」があるからです。その特殊性とは、「学歴、経歴、専門性を問わず、誰もがゼロからスタートする」ということです。

　高校でも、大学でも、専門学校でも、「営業」について学ぶことはその時点でほとんどありません。そのため入社時点では、どの新入社員も横並びの状態で「差」がありません。会社側としては、「学生時代に何を勉強してきたか」を問わない職種であるため、「採用しやすい」「配属させやすい」わけです。したがって、「この人よさそうだな」という人材を採用し、営業部に配属しようとする……これが営業という仕事の特殊性だと思います。

225

営業には適性があるのか

営業成績は学校成績とあまり関係がない

営業に適性はあるか

私はよく、経営者の方から、次のような質問をいただきます。

「横山さん、営業の仕事には適性があると思いますか？」
「他の部署から営業部に異動させたいのだけれど、どのような適性を持っている人を配属させるといいですか？」

また、現役の営業パーソンからも、こう尋ねられます。

「営業の適性って、何ですか？　自分には適性がないような気がするのですが……」

このような質問に対し、これまで私は、こう答えていました。

「営業に適性はありません。どんな人でも、正しく営業活動をすれば、必ず結果を出せる仕事です。営業成績が悪いとしたら、それは適性や性格の問題ではなく、本人の姿勢の問題です」

ただし、私は数多くの営業の現場にかかわってきた結果、現在は、少しだけ考え方が変わっています。営業は適性を問わないので、誰でも結果を出せるようになるのは間違いありません。それに加えて、次のスキルを持っていれば、さらに大きな結果を出すことができると考えています。どのようなスキルかというと、「性格スキル」です。

鶴光太郎氏の著作『性格スキル　人生を決める５つの能力』（祥伝社）

性格スキルのビッグ・ファイブ

	定義	側面
開放性	新たな美的、文化的、知的な経験に開放的な傾向	好奇心、想像力、審美眼
真面目さ	計画性、責任感、勤勉性の傾向	自己規律、粘り強さ、熟慮
外向性	自分の関心や精力が外の人や物に向けられる傾向	積極性、社交性、明るさ
協調性	利己的ではなく協調的に行動できる傾向	思いやり、やさしさ
精神的安定性	感情的反応の予測性と整合性の傾向	不安、いらいら、衝動が少ない

出展：『性格スキル　人生を決める5つの能力』鶴光太郎著（祥伝社新書）より

によると、スキルには「認知スキル」と「性格スキル」の2種類があるということです。

「認知スキル」というのは、学力に見られるような頭のよさのことをいいます。一方で、テストでははかることができない「性格スキル」というものがあり、これを心理学の世界では5つの因子（ビッグ・ファイブ）に分類できるとされています。

性格スキルと営業の適性

営業の適性を考えるうえで、性格スキルはとても参考になる判断材料です。与えられた仕事をただこなすだけの人は、営業には向いていません。想像力豊かにお客様の話を聞いたり、業界について調べたりといった好奇心旺盛な性格が必要で、これが「開放性」と呼ばれる因子です。

営業で結果を出すためには、規律正しく、目標から逆算して計画を立て、自分を律し、粘り強く行動する性格が必要で、これが「真面目さ」の因子です。

そして、やはり営業という職業柄、積極性、社交性の高い性格が求められます。これが「外向性」。

営業は1人でやるものではないので、利己的ではなく協調的に行動する性格が当然必要になってきます。それが「協調性」です。

最後の、「精神的安定性」は営業という職種に就くうえでは、とても大事な因子です。営業活動は不確実性が非常に高い側面があるので、不安やイライラといった感情をいかに抑制するかが、常に求められるからです。

これら5つすべての性格因子を備えている人がベストですが、なかなか現実的ではないかもしれません。ただ、不完全であったとしても、営業の適性を考えるうえでは、学力である認知スキルよりも性格スキルを優先して、意識したほうがいいでしょう。

性格スキルをアップするには

自分は営業に適性があるかどうか、悩んでいる人がいたら、この5つの因子を意識してもらいましょう。これらはスキルなので、トレーニングによって磨くことができます。おそらくすべてが欠けているという人はいないでしょうから、たとえば「精神的安定性があまり高くない」と認識している人がいたら、感情のコントロールをするトレーニングを積み重ねたり、外向性に欠けていると思う人がいたら、異業種交流会や共通の趣味を持つ人が集まるコミュニティに参加したりするなどして、積極性や社交性を磨いてもらうこともいいでしょう。

実は私も、業界が違う人や世代が違う人と交流することが苦手でした。しかしコンサルタントになって、自らそのような機会を増やしていくことによって、低かった外向性という性格スキルが、少しずつ磨かれたと経験則で感じています。

一方で、後述しますが、営業パーソンを採用する責任者、もしくは営業経験のない人を営業部に異動させる担当者の視点からすると、このような性格スキルで営業の適性を見ていくのは合理的といえます。たとえ営業経験がなくても、5つの因子がそれなりにそろっているのであれば、営業としての活躍が期待できると判断できるからです。一方で、営業経験がある人でも、真面目さや協調性という性格スキルが足りないというのであれば、営業部への配置転換は慎重に考えたほうがいいでしょう。

10-3

営業職の採用

営業をスペックで判断するのは難しい

第10章 営業の適性

営業の新卒採用

　私は営業の「新卒採用」は、非常に難しいと考えています。営業の適性は、「性格スキル」がいい判断材料になると書きましたが、こと新卒採用においては、それが当てはまらないと考えてもいいでしょう。同じ会社で何年か働いた方であれば、性格スキルを推し量る判断材料はあるかもしれませんが、新卒採用の場合、履歴書や面談ではそもそもの性格スキルの判別がつかないことが多いからです。

　ところが多くの会社は、そのことを理解できていません。「面談でハキハキ明瞭に話す姿が印象的だった」「元気があり、笑顔が素敵だった。営業向きだと思う」……などと、印象で「営業の適性がある」と判断してしまう採用担当者が多いのです。

　面談では、明るく元気がよくても、いざ営業部に配属させたら不平ばかり口にする人もいますし、話は上手だけれど行動が伴わない人も多数います。何より営業活動には、スポーツで結果を出すのと似ていて、忍耐とか執着心が不可欠です。

　社交性や協調性などはともかく、行動力があるか、忍耐強いか、執着心があるかを、採用での印象だけで判断するのは困難です。そのことを必ず頭に入れておかないと、「見込み違いだった……」ということになりかねません。

性格スキルを見極める

　学力や知識量、技能をはかる認知スキルは、比較的簡単に言葉で表現できます。たとえば、経理の人材を採用したいのであれば、「簿記の資格を

229

持っている」「公認会計士の勉強をしている」「商業高校の会計科を卒業している」といったスペックを持つ人を採用したほうが、ゼロから勉強をさせなくてもいい分、戦力化しやすいはずです。経理の仕事は認知スキルが必要だからです。建設や土木、IT関連の仕事もそうでしょう。認知スキルのレベルで、人材のスペックを判別できる職種は多くあります。

しかし、営業の適性をはかる性格スキルは、なかなか言葉として表現することができません。そのため、5つの因子に関して、丁寧に採用面接でヒアリングしていくことが、新卒採用では必要です。学生時代の生活スタイルや趣味、部活に打ち込んだ経験、どのような研究をしたかなどを質問することで、その人が持つ5つの因子（開放性、真面目さ、外向性、協調性、精神的安定性）を推し量っていきます。

たとえば学生時代にチームスポーツをやっていた経験があれば、とくに着目します。野球やラグビーなどで、高校時代、大学時代にキャプテンを経験していたら、なおいいでしょう。チームスポーツの練習は、かなり厳しいものが多く、忍耐力、やり抜く力、協調性が養われていきます。営業は昔から体育会系の人が選ばれるといわれますが、これは理にかなったポイントといえます。

5つの因子を面接でヒアリングする

面接での質問

- 学生時代の生活スタイルや趣味
- 部活に打ち込んだ経験
- どのような研究をしたか　etc.…

その人が持つ5つの因子（開放性、真面目さ、外向性、協調性、精神的安定性）を、質問内容から推し量る

「経験不問」は間違い

　長年、営業コンサルティングの仕事をしてきて思うのは、大企業はともかく、中小企業が営業を採用する際には、新卒よりもキャリア採用を意識するほうがいいのではないか、ということです。

　営業パーソンの募集広告で「経験不問」という表現をよく見かけます。このように募集する会社には、「採用に対して正しく真摯に努力する姿勢」が私には見えません。「経験不問でもいい」と考えるのは、営業のことを真剣に考察したことがないからです。「営業は誰でもできる」と思ったら大間違いです。このような会社は、たとえば「営業パーソンを5人定着させたい」ことから、「経験不問で50人雇用する」という考えを持っています。なぜ50人も雇うのかといえば、成績が上がらなければ「辞めていく」「辞めさせる」ことを前提にしているからです。

　こうした採用のしかたは、いまの時代に合っていません。採用プロセスのなかで「誰を残し、誰を落とすのか」を考え、ふるいにかけるのはいいですが、入社後にふるいにかけるのは誠実なやり方ではありません。「人を大切にしない会社」であるなら、営業について学ぶ以前の話だからです。

新卒より中途が優先

　それでは、応募者が営業パーソンとして戦力になるかどうかをどのように判断すればいいのでしょうか。私は、性格スキルを踏まえつつ、「過去のデータ」から判断することを推奨します。

　採用責任者に意識してもらいたいフレーズがあります。それは「計算できるか」というものです。プロ野球で監督やコーチが選手に対して評価する言葉でもあります。「彼は計算できるピッチャーだ」「今度トレードでやってくる外野手は計算できる打者だ」といった言葉を耳にしたことがあるかと思います。この場合、なぜ「計算できる」と監督やコーチは判断できるのでしょうか。

たとえば高校野球を代表するスラッガーをドラフト会議で1位指名し、獲得しても「計算できるバッター」という評価はしません。「計算できる」とは「アテにできる」という意味です。「アテにできる」というのは、その相手に対して「好き」とか「好み」とかという感情で判断するのではなく、「過去のデータ」のみを参照して判断します。

　「3年前は13勝、2年前は11勝、去年は14勝している。3年連続で10勝以上しているから、今年は最低でも10勝。よくて15勝ぐらいはやってくれるだろう」

　このように、正しい「過去のデータ」があることで、「計算できる」のです。「期待できる」と「計算できる」とでは、まったく意味が違います。

　「営業パーソンとして、過去にどれくらいの成績を残したのか」
　「データとして、履歴書にきちんと書いてあるか」
　「当社に入ったら、どのような役割を担え、そして計算できるか」

　これらをチェックします。もちろん、新卒採用には相応のメリットがあります。大企業なら採用後に素質を見極め、然るべき職種に就かせることが可能だからです。
　しかし、中小企業のなかには、採用した人が営業に向いていなかった場合、配属転換できる余裕のない会社もあるでしょう。営業を経験し、結果を残した人材を探すべきであり、そのための採用コスト（時間的労力も含む）をしっかりかけたいものです。

採用の好循環

いい人材を採用する
　　↓
業績が上向く
　　↓

魅力的な会社ができる
　　↓
魅力的だからこそ人が集まる

　このような好循環を起こしていくことが大切です。
　「経験不問なので誰でもいい」「結果を出した営業さえ生き残ればいい」
という無方針の採用を続けている以上、会社の魅力は落ちていきます。名
著『ビジョナリー・カンパニー2』（日経BP社）には、「誰をバスに乗せ
るか」という有名な言葉があります。これは、自社の営業力をアップする
うえで、非常に参考になります。
　バスに乗せるべきでない人を採用すると、次のような負の循環に陥りま
す。

いい加減な採用をする
　　↓
いい人材が集まらない
　　↓
業績が落ちる
　　↓
会社の魅力が落ちる
　　↓
魅力がないから人が集まらない

　人材の教育も大事ですが、それと同様のレベルで、採用にも力を入れま
しょう。

233

10-4 転職コンサルタントの活用

消去法で人を採用してはいけない

転職コンサルタントを積極的に活用しよう

　営業の採用条件は、非常に難しいものがあります。先述したとおり、性格スキルが判断材料になりますが、見極めるのはそれほど簡単なことではありません。過去の実績も然りです。そこで、会社側が採用面談をする前に、人材紹介会社の転職コンサルタントに間に入ってもらい、仕分けをしてもらうという方法もあります。

　まず、転職コンサルタントと信頼関係を構築して、「わが社にはこういう営業がほしい」と自社の要望を熱く伝える必要があります。うまく言語化できなくてもかまいません。過去のデータを重視したい場合は、どのようなデータを重視するかを伝えます。

　たとえば、「新規事業で3年連続目標を達成した」「1回以上、年間表彰をされた」などです。野球選手の例で書いたとおり、計算できる人材かどうかを採用条件に入れましょう。経験を採用条件に入れてはいけません。たとえば、ここも野球選手を例にするなら「先発ピッチャーの経験がある」ではなく、「先発ピッチャーとして150回以上の投球回を投げた」とすべきです。

　「ぜひ、こんな感じの人がほしい」「こういうタイプの営業パーソンを期待している」と転職コンサルタントに伝えておけば、コンサルタントのほうで、「つまり、こういう人がいいわけですね」「でしたら、このような方をご紹介します」と言語化してくれます。ある程度、絞り込めたら、いろいろな人と面談をして、自分なりに「感覚」をつかんでいきましょう。

　採用枠は決まっています。妥協して人を採用すると、枠をひとつ失ってしまい、そうなると営業組織の戦力ダウンは否めません。時間をかけて、自社の営業組織に合った人材を選び、採用しましょう。

234

面接で掘り下げること

面接では、過去の実績について掘り下げる

面接時の質問

　中途採用の面接では、「過去の実績」を掘り下げていきます。

　履歴書に「同期のなかで営業成績１位をとりました」「北関東支店でナンバー１になりました」「４年連続で新規開拓目標を達成しています」「新規事業の立ち上げプロジェクトにかかわり、２年で黒字化させました」といった、具体的な実績が書かれている人であれば問題ありません。しかし、「３年間、金融サービスの営業経験あり」「４年間現場で営業経験を積み、その後課長として３人の部下指導にあたった」程度の内容しか書かれていない人は、厳しい目で見てください。「自分という商品」を相手にうまく伝えることができない人の可能性が高いからです。よほど余裕があるならともかく、実績がない人（実績が書かれていない人）を採用してはいけません。

　採用面接で、履歴書に書かれてある実績が「本物かどうか」「本当にそれだけの実績を出す力があるのか」を見極めるには、どうすればいいでしょうか。たとえば、「これだけの成績を残されていますが、具体的に、どのような工夫をされたのですか？」といった質問をしてみてください。たった２、３年の経験でも、自分なりの営業ノウハウを確立している人はいます。それをうまく言語化できている人は、将来マネジャーとして活躍する可能性のある人です。言語化できない人は、どちらかというとプレーヤー向きと割り切りましょう。

　面談時には、具体的な質問をして、相手の特性を見つけていきます。たとえば、次のような質問です。

- ふだんお客様はどのように見つけていますか
- キーパーソンをどのように特定していますか
- いつもお客様を訪問するときに準備することは何ですか
- お客様のニーズを探るのに、どのような質問を用意していますか
- （もしも販促イベントがある場合は）販促イベントではどのようなことを意識していますか
- イベント後のお客様のフォローはどのようにしていますか

　このような質問をして、相手が明瞭に答えられないのなら要注意です。「結果を出している」と履歴書に書かれてあっても、単にお客様に恵まれ、引き合い対応をしていただけかもしれません。そういう場合はご自身の実力を買うことは難しいといえます。

話が噛み合うか

　営業は、お客様と正しい会話のキャッチボールができなければ、関係を構築することができません。そのため、「話が噛み合うかどうか」も重要です。こちらの質問に対して、きちんと答えているかを必ずチェックしてください。こちらの質問に対して、「質問の答えになっていないかもしれませんが」と前置きする人や、会話の途中から「自分の話したいこと」を一方的に話しはじめる人は要注意です（※ただし、「どうしてもお伝えしたいことがあるのですが、お話ししてもよろしいでしょうか？」と断ってから話すのであればOKです）。

面接官の選定

　採用の面接官は、必ず営業経験があり、性格スキルが高く、実績がある人を選びます。面接時には相手の認知スキルを見るわけではないので、人事部の採用担当に一任するのは、絶対にやめましょう。
　一般的に、営業のできる人は、営業ができる人と営業ができない人の判別ができます。営業のできない人は、その判別ができません。つまり営業経験があっても実績を残していない人は、採用面談で相手を正しく見極め

ることができないのです。

また、話が噛み合う人かどうかもチェックするわけなので、面接官も同じように、正しく会話のキャッチボールができる人を選ぶべきです。話の論点よりも「枝葉」の部分に気をとられ、すぐに話があさっての方向へ流れてしまう人は、面接官に向いていません。

面接官は相手が何を話しているのか、すぐに「要約」できるぐらいに聡明な人に任せましょう。

代表的な質問

採用面接をするうえで、代表的な質問を記しておきます。面接官は最低限、次のような質問は用意しておきましょう。

（1）自己紹介
「自己紹介をしてください」
「ご自身のPRをしてください」

王道的な質問なので、まず当然に準備をしてきたかどうかをチェックします。想定内の質問にさえハキハキ答えられないようでは失格です。正しい準備ができない人は、営業に向いていません。

また、わかりやすく自分をPRできるかも確認します。自分という商品を売り込むことができるか、ポイントを押さえた話し方ができる人だといいでしょう。

（2）転職理由
「転職理由について教えてください」

キャリア採用であれば、転職の理由を尋ねます。これも常識的な質問なので、準備ができているかどうかをチェックします。

転職理由を尋ねて、とり繕った言い方をしていないかも見定めます。たとえ本音を隠していても、相手に悟られるような言い方をしているようで

237

はいけません。営業は、心の内を読まれないぐらいのタフさが必要だからです。

(3) 志望動機

「なぜ当社を選んだのか、志望動機を教えてください」

転職理由は述べることができても、志望動機をスムーズにいえない人は非常に多いので、気をつけましょう。転職理由は、どの会社の面接でも同じ内容で答えられますが、志望動機は相手の会社に合わせなければなりません。情報収集能力が問われるからです。

相手の発言内容から、「当社のことをよく調べているな」という印象を持てたら合格点です。

(4) 前職での実績

「履歴書には新規事業を2年で黒字にしたと書いてあります。詳しく教えてもらえませんか」

職場の上司や商材、お客様など、環境に恵まれていたのか、それとも自身の努力で成し遂げたのか、細かく切り込んで質問します。面接官がさまざまな営業の修羅場を経験していれば、相手が話す真実性をよく見極められるはずです。

(5) 生かせる経験やスキル

「当社に入社したら、どのような経験やスキルが生かせそうですか」

志望動機と同様、受ける会社のことを調べていなければ答えられない質問です。これも情報収集能力が問われます。

「前職では、お客様のニーズに基づいて提案書を作成するなど、常に創意工夫を心がけてきました。御社でも同じような姿勢でやっていきます」

このように当たりさわりのないような返答では物足りません。どの会社

に対してもいえる内容だからです。

「転職エージェントのコンサルタントからお聞きしたところによると、御社はWEBサイトと連動したマーケティング活動を展開していると聞きました。たしかにホームページを確認すると、随所に工夫が見られ、見ているだけでワクワクしました。前職の広告代理店ではサイト改善やリスティング広告の営業に力を入れていたので、その分野では私の知識と経験が生かせると思います」

このようにいえるような人は合格です。実際に、生かせるかどうかは別にして、きちんと当社のことを調べていることがよくわかる内容だからです。

(6) 忍耐力と執着心

「これまで困難なことにぶつかったとき、どのように乗り越えてこられましたか」

新卒採用でも聞かれる質問です。過去にどれくらい大きな壁にぶつかったことがあり、それをどのように乗り越えてきたのかを知ることで、忍耐力や執着心を推し量っていきます。

「中学から大学まで吹奏楽をやっていて、高校時代は部長もやりました。ところが私が部長になったとたん、10年連続で出場していた西関東コンクールに選出されなかったのです。そのときがもっともつらい経験です。しかし、それからメンバーをまとめ、週末も学校に出て自主練を繰り返し、秋の大会ではリベンジして準優勝を勝ちとりました」

大変だった経験のみならず、乗り越えた過去を語ることができるかどうかをチェックしましょう。

(7) 逆質問

「当社に何か質問はありますか」

239

この質問も一般的です。一般的な質問なのに準備をしておらず、「とくにありません」と答えたり、その場で「ええと……」と考えはじめたりしたら失格です。

　「社内教育についてお尋ねします。教育制度などは、どのように整備されているか、聞かせていただけませんか」

　この程度でかまいません。入社したあと、自分自身がどのように活躍できるのか。そのことを知るための手がかりを質問してきたらなおいいでしょう。
　「残業は多いですか」「副業はOKですか」「指導は厳しいですか」などといった質問は、視点が自分にしか向いていない証拠です。営業パーソンとして欠かせない「お客様目線」が足りない可能性があります。

　採用面接でもっともチェックすべきは、この面接に向けて準備をしてきたかどうかです。「出たとこ勝負」で面接を受けにきた人は、いくら笑顔が素敵で、喋りが上手でも営業の適性がないと考えましょう。
　スキルも才能も必要がありません。問題意識が高い低いも関係がありません。準備をするだけで、できることを怠ったということは、就職転職活動に対する執念のようなものが感じられないということです。優秀な人は必ず準備をしてきます。たとえ不器用でも、目的に向かって計画を立てたか、情報を集めたかどうかを確認しましょう。
　知らない人の前になると緊張したり、うまく話ができなかったりしても、社会人になって営業職に就いたら、いずれ慣れていきます。コミュニケーション能力が多少低くても、トレーニングによって改善できます。しかし性格スキルの「真面目さ」という因子ぐらいは、入社する前に備えておいてもらいたいと私は思います。

転職活動のしかた

企業のニーズを踏まえたうえで、自分の持ち味を伝える

就職転職活動は営業活動と同じ

　就職、転職というのは、「自分」という商品を売り込む人生における営業活動です。高校受験や大学受験の100倍以上、重要なライフイベントだといえます。

　「募集要項だけを見て、履歴書を書く人」「他の会社にも同じことを書いている（と思われる）人」など、手を抜いて履歴書を書く人は、本当にいい会社に採用されません。計算してみればわかりますが、人生の大半は仕事の時間で占められます。学校ですごす時間より、はるかに長いのです。あなたの人生をかけて、転職活動に取り組みましょう。

　就職活動、転職活動を「営業活動」と考えれば、わかりやすいと思います。ここで営業の定義を思い出しましょう。「営業とは、お客様の利益を支援し、その正当な対価をいただくこと」です。お客様のニーズを無視して、一方的に自社が使っている商品（売り込みたい商品）を提案しても、採用されません。プロダクトアウトの単なる売り込みでしかないからです。

　また、単なる「御用聞き」スタイルの営業でもいけません。「新しい事務所に移転する際、パソコンを10台購入する」とお客様にいわれ、そのまま「パソコン10台」の見積もりを持っていく営業が「御用聞き」です。その仕事に何ひとつ付加価値がないため「できない営業」と呼ばれてしまいます。

　売り込みでもなく、御用聞きでもなく、「自分自身」という商品を、あくまでも「相手のニーズに合わせて」提案しなくてはなりません。

　受ける会社をお客様ととらえ、その会社がどのような業界に所属し、どのような事業を柱にし、どのような収益構造で事業を成り立たせているの

かを調べましょう。そして、募集要項に書いてあることだけでなく、相手を研究して、逆算して自分の何をアピールするのかを取捨選択していきます。

転職エージェントも有効活用しましょう。何度も会って信頼関係を築き、いろいろと情報収集をします。期限を決めずじっくりやることが大切です。このあたりも営業活動とよく似ています。

自己PRのしかた

たとえば面接官から「自分のアピールポイントを話してください」といわれたとき、次のように答えたら、面接官はどう感じるでしょうか。

「前職では○○という営業活動をしていて、新規開拓は得意です」
「お客様の立場に立って粘り強く交渉する自信があります」

こうした答えは単なる自分の売り込みにすぎません。相手のニーズとは関係がないからです。自己PRは、「相手のニーズを踏まえたうえで、自分の持ち味を提案する」ことが大切なので、次のように話します。

「御社のホームページを拝見し、新しい部門を創設したことを知りました。私が御社にご縁があって入社できた場合は、これまでの会社でやってきた新規開拓のノウハウが生かせると思います。

前職では、新規開拓をするにあたって、まず、お客様との関係を構築してから、組織図をもらうようにしていました。そして、その組織図を完全に頭のなかに入れて、組織のなかで旗振り役は誰か、キーパーソンは誰か、決裁権を握っているのは誰か、どの人がオピニオンリーダーなのかを自分なりに把握して、組織との関係を構築しながら、お仕事をいただいてきました。私自身はこれまで、組織との関係構築に注力し、実績を上げてきたので、その経験やノウハウを生かせるのではないかと考えています」

このように答えることができれば、面接官は「当社のことをよく調べて

いる」「きちんと創意工夫して仕事をしている」という印象を抱きます。

　いまの時代、商品の紹介だけしかできない営業パーソンは必要ありません。自社の商品を相手に伝えるのは、営業パーソンの仕事ではなく、インターネットの仕事です。これからの営業パーソンに求められるのは、「お客様と関係を構築して、相手の潜在的なニーズを知ったうえで提案する能力」です。そしてこの能力は、就職活動、転職活動でも必要な能力でもあるのです。

マーケットバリューを自覚する

　ここまで読んできて、「そこまでしなくてはならないのか」と受け止めた方は、転職しないほうが身のためです。ご自身の市場価値（マーケットバリュー）を適正に見積もることができていません。

　入社したい会社から「この人は当社にとって計算できる人材だ」と思われるよう、まずご自身の価値を高めてから転職を考えましょう。

お わ り に

すべての営業を客観視する

　私は「現場に入って目標を絶対達成させる営業コンサルタント」として、15年にわたり、現場でクライアント企業を支援してきました。

　そんな私ですが、実のところ営業コンサルタントをはじめる前に、営業職としての実務経験が一度もありません。実務経験がないのにもかかわらず、営業コンサルタントを名乗ることになったため、当時世に出ていた「営業に関する本」を片っ端から読んだのを覚えています。

　営業がタイトルにつく本のみならず、営業に関連する本なら、どんな本でも読んできました。その姿勢は15年経過したいまでも変わりません。

　1980年代ぐらいまで 遡って営業の本を読み続け（私自身も執筆し、多くの出版社の方々と意見交換して）、わかったことは、「営業」を網羅的に体系化した本が存在しないということです。「経営」というカテゴリはもちろんのこと、「会計」や「人事」「マーケティング」といった分野の本はあっても、「営業」にはないのです。

　日本実業出版社の「この１冊ですべてわかる基本シリーズ」は、2007年に『広告の基本』からスタートし、『会計の基本』『経営戦略の基本』『経営分析の基本』『ファイナンスの基本』『SCMの基本』『CRMの基本』『情報セキュリティの基本』『マーケティングの基本』『ブランディングの基本』『管理会計の基本』『コーチングの基本』『コンサルティングの基本』『マーケティング・リサーチの基本』『販促手法の基本』『プロジェクトマネジメントの基本』『SEの基本』『コーポレートガバナンスの基本』『心理マーケティングの基本』『物流とロジスティクスの基本』『マネジメントの基本』『ITコンサルティングの基本』『需要予測の基本』『在庫マネジメントの基本』……など、2019年までに約30種類も刊行されています。

　しかし、日本の全就業者6530万人中、13％以上をも占める職種に向けた「営業の基本」が、これまで存在していなかったのです。そこで、私は営

業コンサルタントとして、そして研究者の目線で、網羅的にまとめようと考え、本書を執筆しました。

保険や自動車やIT、住宅、小売り、建設、人材派遣……など、あるひとつの営業スタイルではなく、はじめから「営業コンサルタント」として客観的な立場で見つめ続けた私だからできることだと思います。

営業の実態調査と課題の把握

当社は2019年から、民間企業における営業・販売従事者を調査し、行動や意識、マネジメント、教育機会などの現状と課題を把握することを目的として、「日本の営業実態調査」を実施しています。営業職にかかわる、あらゆる実態を把握したうえで、今後も問題提起をしていきたいと思っています。

最後に、本書の執筆にあたって、日本実業出版社のみなさま、そして、藤吉豊さまに多大なご協力をいただきました。この場を借りてお礼を申し上げます。

本書が、すべての営業・販売従事者にとって、何らかの指針になることを願ってやみません。

2019年4月

横山信弘

横山信弘（よこやま　のぶひろ）
株式会社アタックス・セールス・アソシエイツ代表取締役社長。
企業の現場に入り、目標を絶対達成させる営業コンサルタント。
営業支援先は、NTTドコモ、ソフトバンク、サントリーなどの大
企業から中小企業にいたるまで。3大メガバンク、野村證券など
でも研修実績がある。最低でも目標を達成させる「予材管理」の
理論を体系的に整理し、仕組みを構築した考案者として知られ
る。『日経ビジネス』『東洋経済』『PRESIDENT』など、各種ビジ
ネス誌への寄稿、多数のメディアでの取材経験がある。
ベストセラー『絶対達成シリーズ』の著者であり、メルマガ「草
創花伝」は4万人の経営者、管理者が購読している。コラムニス
トとしても人気で、日経ビジネスオンライン、Yahoo!ニュース
のコラムは年間2000万以上のPVを記録する。著書に『絶対達成
する部下の育て方』『絶対達成マインドのつくり方』（以上、ダイ
ヤモンド社）、『最強の経営を実現する「予材管理」のすべて』（日
本実業出版社）、『空気で人を動かす』（フォレスト出版）などがあ
り、その多くが中国、韓国、台湾で翻訳版が発売されており、現地
でも人気が高い。

横山信弘の「メルマガ草創花伝」
http://attax-sales.jp/mailmagazine/

営業の基本

2019年4月20日　初版発行
2019年5月20日　第2刷発行

著　者　横山信弘 ©N.Yokoyama 2019
発行者　吉田啓二

発行所　株式会社 日本実業出版社　東京都新宿区市谷本村町3-29 〒162-0845
　　　　　　　　　　　　　　　　　大阪市北区西天満6-8-1 〒530-0047
　　　　　編集部 ☎03-3268-5651
　　　　　営業部 ☎03-3268-5161　振　替　00170-1-25349
　　　　　　　　　　　　　　　　　https://www.njg.co.jp/

印刷／理想社　　製本／共栄社

この本の内容についてのお問合せは、書面かFAX（03-3268-0832）にてお願い致します。
落丁・乱丁本は、送料小社負担にて、お取り替え致します。

ISBN 978-4-534-05685-6　Printed in JAPAN

日本実業出版社のロングセラー
一歩上のスキルと知識が身につく「基本」シリーズ

神川 貴実彦＝編著
定価 本体 1500円（税別）

㈱日本総合研究所経営戦略研究会＝著
定価 本体 1500円（税別）

山田 隆太＝著
定価 本体 1500円（税別）

手塚 貞治＝編著
定価 本体 1600円（税別）

鈴木義幸＝監修／
コーチ・エィ＝著
定価 本体 1600円（税別）

安原 智樹＝著
定価 本体 1600円（税別）

定価変更の場合はご了承ください。